Studio 3

VERT

www.pearsonschools.co.uk

✓ Free online support
✓ Useful weblinks
✓ 24 hour online ordering

0845 630 33 33

Clive Bell and Anneli McLachlan

Heinemann

Part of Pearson

Heinemann is an imprint of Pearson Education Limited, Edinburgh Gate, Harlow, Essex, CM20 2JE.

www.pearsonschoolsandfecolleges.co.uk

Heinemann is a registered trademark of Pearson Education Limited

Text © Pearson Education Limited 2012

Edited by Melanie Birdsall
Designed by Emily Hunter-Higgins
Typeset by Kamae Design
Original illustrations © Pearson Education Limited 2012
Illustrated by KJA Artists (Caron) and Paul Hunter-Higgins
Cover design by Emily Hunter-Higgins
Picture research by Susie Prescott

Front cover and audio CD cover photos: Main picture: Studio Natacha Nicaise / Natacha Nicaise; Mountain: Shutterstock / M.M.G.; Eurostar: Getty Images / Workbook Stock; Kids in backpacks: iStockPhoto.com / Skip O'Donnell; Skateboarder: Getty Images / PhotoDisc; Kayaker: Getty Images / PhotoDisc; Parkour: Corbis / Cardinal; Eiffel Tower: Shutterstock / Ints Vikmanis; Girls dancing: Shutterstock / @erics; La Défense square arch: Shutterstock / Alexander Mul

Audio recorded by Footstep Productions Ltd (Colette Thomson and Andy Garratt; voice artists: Arthur Boulanger, Lise Bourgeois, Felix Callens, Juliet Dante, Kathinka Lahaut, Mathew Robathan, Tunga-Jerome Şen, Charlotte Six).

The rights of Clive Bell and Anneli McLachlan to be identified as authors of this work have been asserted by them in accordance with the Copyright, Designs and Patents Act 1988.

First published 2012

17
10 9 8

British Library Cataloguing in Publication Data

A catalogue record for this book is available from the British Library

ISBN 978 0 435026 95 0

Acknowledgements
The authors and publisher would like to thank the following people for their invaluable help in the development of this course: Melanie Birdsall; Anne-Sophie Blanc; Florence Bonneau; Sylvie Fauvel; Stuart Glover; Rosie Green; Fabienne Tartarin; Sabine Tartarin; Catriona Watson-Brown.

The authors and publisher would like to thank the following individuals and organisations for permission to reproduce copyright material in this book:

©2011 Inside Network, Inc p.6; Michel Bouvet p.20; planetoscope www.planetoscope.com p.31; www.doctissimo.fr p.31; European Union p.52; France Soir p.52; © Parc Astérix p.52; www.puydufou.com p.67; Domaine des Ormes/La Cabane en l'Air p.74; www.lebonheurdevivre.net (Le Village Amérindien) p.74; Gino Maccarinelli (Villa Cheminée) p.74; Cédric Chassé (Villa Hamster) p.74; Hachette vacances © Hachette Livre p.74 ; Office de Tourisme de Jonzac p. 84; www.tasante.com p.98; Le Soleil, Daphnée Dion-Viens p.98; CSA p.98; Courtoisie d'Enfants Entraide p.110; Socialbakers.com © Candytech Ltd p.117; www.p8ntbox.com p.119

The publisher would like to thank the following for their kind permission to reproduce their photographs:

(Key: b-bottom; c-centre; l-left; r-right; t-top)

Alamy Images: Alamy Celebrity 107b, Apix 56/a, 57, Arco Images Gmbh 52b, Bubbles Photo Library 82/d, Chloe Parker 97br, David L. Moore 12 (f), Geraint Lewis 62/e, Image100 62/g, 120 (e), INSADCO Photograhy 123b, INSADCO Photography 35/a, Michelle Gilders 52cr, Paul Springett 05 78/f, Robert Freid 88, Westend61 Gmbh 61; **Corbis:** For Picture 34/e, Fuentes / Reauters 7cr, Gideon Mendall 21, Jim Craigmyle 11c, John Van Hasselt / Sygma 108tr, 109, Peter Guttman 122 (c), Reix Liewig / For Picture 45, Spirit 14/d, Steve Prezant 14/b; **Courtoisie d'Enfants Entraide:** 108, 108bl, 108br; **Domaine des Ormes:** La Cabane en l'Air 74c; **Fotolia.com:** Akiebier 76/l, Alexander Raths 62/c, 120 (c), Arquiplay77 78/c, 122, Deklofenak 14/e, Frantisek Hojdysz 78/b, Galina Barskaya 35/b, HL Photo 31c, Iryna Shpulak 53tr, Joggie Botma 78/a, Litteny 98/g, 124 (d), Liv Friis-Larsen 36/6, martinlee 31bc, Michaeljung 53cl, Milan Jurkovic 12 (a), Milarka 38/c, Nouk 78/e, Piotr Marcinski 96b, PP76 82tr/b, Wong Yu Liang 98/d; **Getty Images:** Adrian Dennis / AFP 33b/b, Angero / Stockimage 76/a, Anne Ackermann / Digital Vision 98/e, 124 (b), Antonio De Moraes Barros Filho / Wireimage 53cr, Chris Jackson 33b/a, Claire Griffin / Lifesize 62/b, 120 (b), DAJ / Amana Images 35b, Daniel Grizelj / Stone 82br/f, Diane Macdonald / Stockbyte 103/d, Digital Vision 62/a, 120 (a), Eising / Photodisc 31tc, Franck Fife 34/a, Fuse 62/h, 103/3, 120, Hugh Whitaker / Culture RM / StockImage 82/a, Image source 6b, 56/b, 57b, Jamie McDonald 44tl, Jeremy Woodhouse / Blend Images 76/b, Jupiter Images / Cornstck 104 (f), Michael Rutland / Hulton Archive 16, Mike Timo / Photographers Choice 52cl, MJ Kim 33c/b, Peter Cade / iconica 14/c, Phil Cole 33b/c, Philip Lee Harvey 96t, Philippe Desmazes / AFP 74t, Picavet / Workbook Stock 53b, Rubberball Productions / Agency Collection 14/a, Ryan McVay / Photodisc 89/a, Stephen Simpson / The Image Bank 82/f, Steve Grantitz / Wireimage 33c/d, Sylvain Grandadam 20b, Tyler Edwards / Digital Vision 103, White Packard / Photonica 41, 98/c, 124, WPA Pool 33c/a; **Imagestate Media:** Medio Images 38/f; **Laurent Denis:** 56 (f), 57/6; **Masterfile UK Ltd:** 111; **P.Meric_WWF:** P.Meric_WWF 101; **Pearson Education Ltd:** Bananastock 60b, Gareth Boden 12/5, 103t, Jules Selmes 10, 12, 38/d, 55, 56/e, 57e, Mindstudio 41b, 63br, 78/2, Sophie Bluy 9, 116/1, Studio 8 63cr, Trevor Stevens 75b, Trevour Clifford 36/4, Tudor Photography 12 (c), 98/a, 124 (a); **Pearson Education Ltd:** Creatas 101 (f), Gareth Boden 107, Handan Erek 92, 96c, 57c, Imagestate 101 (e), Jules Selmes 89/d, Tudor Photography 104 (c); **Pearson Education Ltd:** Handan Erek 6c, 12/b, 12b, 30t, 31t, 32l, 32r, 34/b, 34/c, 36/8, 36/9, 46l, 46r, 53tl, 56/c, 56/d, 75c, 80t, 80c, 80b, 82tl/a, 57d; **Peter Allan:** Kura images 76/d; **PhotoDisc:** 36/5, Karl Weaherly 70, Martial Colomb 76/c, Photolink / S. Pearce 36/2; **Photolibrary.com:** Fancy 98/b, Image Source 104 (e), Ingram Publishing 98/h, Laurent Mouton / Photo Alto 82/e, Nate Jordan / Aflo Photo Agency 66, Oliver Ross / Fancy 12 (e); **Press Association Images:** Jaques Brinton 7cl, Moreau Lionel / ABACA / PA 7b; **Puy de Fou:** 67t, 67c, 67b; **Reuters:** Ali Jarekji 20c, Andrea Comas 44br, Claro Cortes 44c, Desmond Boylan 44tr, Hannibal Hanschke 44bl; **Rex Features:** Tim Rooke 85; **Shutterstock.com:** Ampyang 11t, Ariel Bravy 30b, Avremar 68/b, Benis Arapovic 38/a, bikeriderlondon 89/c, Blend images 35/c, 60t, 101/a, Brad Wynnyk 119t, Chikapylka 27, Chuck Rausin 62/f, 120 (d), clearviewstock 34/d, Darryl Vest 104 (d), Deklofenak 12 (d), DeshaCAM 89/b, Dfree 33b/d, 33b/e, Eduard Titov 74b, Elena Elisseeva 121/2, Elena Stepanova 116/2, EpicStockMedia 30c, Fafoiutis 31b, Franz Pfluegl 25, Georgy Markov 76/k, Golden Pixels LLC 76/e, Gratien Jonxis 123t, Helga Esteb 33c/c, 33c/e, Igor Stepovik 65, iofoto 105, Ivan Cholakov Gostock 101 (g), JanJar 33t, Jason Stitt 62/d, Jeanne Hatch 63tr, JJ pixs 41t, Josep Pena Llorens 78/d, Leah-Anne Thompson 58b, 68/c, 82/b, lev Dolgachov 11b, Lillya Kullanioak 101/b, Loyish 36/7, Martin Valigursky 91, Maslov Dmitry 101/c, matka_Wariatka 36/3, Michaeljung 59, Monkey Business Images 6t, 12/6, 14/f, 63bl, 104 (b), MSheldrake 47, Nate A 43, oliveromg 76/g, OLJ Studio 121/3, Péter Gudella 97t, Photobank.ch 58t, 68/a, PhotoSky4t com 76/n, Poleze 7t, PT images 12/3, Ralf Maassen 38b, Robert Kneschke 97bl, 12a, Ronald Summers 82/c, s-eyerkaufer 104 (a), Scott Karcich 36/10, Serg64 36/1, Shchipkova Elena 119b, Shipov Oleg 63cl, Sielemann 116/3, Sportstock 76/m, Stephen Coburn 38/e, 52t, Stillfx 122 (b), Vlue 98/f, 124 (c), William Attard McCarthy 82bc/e, Yuri Arcurs 76/f, Zurijeta 121/1; **Villa Cheminée:** Gino Maccarinelli 74cl; **www.lebonheurdevivre.net:** www.lebonheurdevivre.net 74tr

All other images © Pearson Education Limited

Every effort has been made to contact copyright holders of material reproduced in this book. Any omissions will be rectified in subsequent printings if notice is given to the publishers.

Websites
Pearson Education Limited is not responsible for the content of any external internet sites. It is essential for tutors to preview each website before using it in class so as to ensure that the URL is still accurate, relevant and appropriate. We suggest that tutors bookmark useful websites and consider enabling students to access them through the school/college intranet.

Tableau des contenus

Module 1   Ma vie sociale d'ado   6

Unité 1	**Je suis comme ça!**	8
	Describing yourself	
	Using the verbs *avoir* and *être*	
Unité 2	**Planète Facebook**	10
	Talking about Facebook	
	Using present tense verbs	
Unité 3	**Tu veux y aller?**	12
	Inviting someone out	
	Using the verb *aller*	
Unité 4	**Qu'est-ce que tu as fait samedi?**	14
	Describing a date	
	Using the perfect tense	
Unité 5	**Fou de musique!**	16
	Describing a music event	
	Using *on* in the perfect tense	
Bilan et Révisions		18
En plus	**La Fête de la Musique**	20
	Finding out about music festivals around the world	
Je parle		22
J'écris		24
Studio Grammaire		26
Vocabulaire		28

Module 2   Bien dans sa peau   30

Unité 1	**Touché!**	32
	Learning the parts of the body	
	Using *à* + the definite article	
Unité 2	**Le sport et le fitness**	34
	Learning about sport	
	Using *il faut*	
Unité 3	**Manger sain**	36
	Learning about healthy eating	
	Using *du, de la* and *des*	
Unité 4	**Je vais changer ma vie!**	38
	Making plans to get fit	
	Using the near future tense	
Unité 5	**Es-tu en forme?**	40
	Describing levels of fitness	
	Using two tenses together	
Bilan et Révisions		42
En plus	**Les sportifs français**	44
	Learning about French sportsmen and women	
J'écris		46
Studio Grammaire		48
Vocabulaire		50

Module 3 — À l'horizon — 52

Unité 1	**Mon avenir**	54
	Discussing your future	
	Using the near future tense	
Unité 2	**Le monde est un village**	56
	Learning languages	
	Using *on peut*	
Unité 3	**Du matin au soir**	58
	Talking about your job	
	More practice with common irregular verbs	
Unité 4	**Mon boulot**	60
	Describing what your job involves	
	Asking questions	
Unité 5	**Mes ambitions**	62
	Talking about your ambitions	
	Using masculine and feminine nouns	
Bilan et Révisions		64
En plus	**Un portrait professionnel**	66
	Investigating unusual jobs	
Je parle		68
Studio Grammaire		70
Vocabulaire		72

Module 4 — Spécial vacances — 74

Unité 1	**Question de vacances**	76
	Discussing holidays	
	Asking questions using question words	
Unité 2	**J'adore les sensations fortes!**	78
	Imagining adventure holidays	
	Using *je voudrais* + infinitive	
Unité 3	**C'est indispensable!**	80
	Talking about what you take with you on holiday	
	Using reflexive verbs	
Unité 4	**Quel désastre!**	82
	Describing holiday disasters	
	Using perfect tense verbs	
Unité 5	**À la base de loisirs**	84
	Visiting a tourist attraction	
	More practice with the perfect tense	
Bilan et Révisions		86
En plus	**Des vacances au collège!**	88
	Debating the idea of 'open school' in the holidays	
J'écris		90
Studio Grammaire		92
Vocabulaire		94

Unité 1   **Mes droits** 98
Discussing what you are allowed to do
Using *j'ai le droit de* + infinitive

Unité 2   **Mes priorités** 100
Explaining what's important to you
Using *mon, ma* and *mes*

Unité 3   **Tu aimes le shopping?** 102
Talking about things you buy
Using three tenses together

Unité 4   **Le bonheur, c'est …** 104
Describing what makes you happy
Using infinitives to mean '–ing'

Bilan et Révisions 106
En plus   **Les jeunes contre l'injustice** 108
Learning about human rights issues

Je parle 110
Studio Grammaire 112
Vocabulaire 114

À toi 116

Verb tables 126

Speaking and writing skills 128

Mini-dictionnaire 129

Instructions 142

Module 1 Ma vie sociale d'ado

Social networking sites are just as popular in France as they are in the UK. Three of the most popular sites are Facebook, Twitter and **Copains d'avant** (a French website similar to Friends Reunited). There are 15,498,220 Facebook users in France and this is growing every day.

Figures correct Feb. 2011. Source: www.insidefacebook.com

More than 30 billion pieces of content (web links, news stories, blog posts, notes, photo albums, etc.) are shared each month on Facebook. How many photos do you post per month?

Source: www.facebook.com

According to a recent survey, French girls say the most important qualities they look for in a boy are:

- kindness (42%)
- good looks (37%)
- sense of humour (16%)
- intelligence (3%).

What qualities do you look for in a girl or boy?

French text messaging is a language all of its own! Can you work out what the following text phrases mean? Here's a clue: some words are abbreviations. With the others, try saying the letters out loud (using French alphabet sounds, of course!). The answers are at the bottom of the page.

| bjr | mr6 | keske C? | dak | JtM | c 5pa |

La Fête de la Musique is a worldwide celebration of all types of music. It started in France in 1982 and has spread to more than 100 countries. It takes place on 21st June, which is the day with the most hours of daylight in western Europe – so the music can go on for as long as possible!

Les Vieilles Charrues is one of the biggest music festivals in France. It takes place every summer in Brittany. Its name means 'the old ploughs'. It attracts some of the biggest music stars in the business and is attended by over 230,000 music fans.

bjr = bonjour   mr6 = merci   keske C? = qu'est-ce que c'est?   dak = d'accord   JtM = je t'aime   c 5pa = c'est sympa

1

● Describing yourself
● Using the verbs *avoir* and *être*

1 Écoute et lis. Qui parle? Écris la bonne lettre. (1–6)

Listen and read. Who's speaking? Write the correct letter.

Exemple: **1** f

a

Je m'appelle Manon. J'ai quinze ans. J'ai les yeux marron. Je suis intelligente.

b

Je m'appelle Hugo. J'ai onze ans. J'ai les yeux bleus. Je suis lunatique.

c

Je m'appelle Olivia. J'ai seize ans. J'ai les yeux gris. Je suis timide.

d

Je m'appelle Abdel. J'ai douze ans. J'ai les cheveux noirs. Je suis gentil.

e

Je m'appelle Laura. J'ai treize ans. J'ai les cheveux blonds. Je suis drôle.

f

Je m'appelle Noah. J'ai quatorze ans. J'ai les cheveux bruns. Je suis sportif.

Lunatique means 'moody' in English, not 'lunatic'.

Studio Grammaire

» Page 26

avoir	to have	être	to be
j'ai	I have	je suis	I am
tu as	you have	tu es	you are
il/elle a	he/she has	il/elle est	he/she is

But note! I **am** 13. = *J'ai treize ans.*
(literally: 'I have 13 years.')

2 Trouve et copie les phrases de l'exercice 1.

Find and copy out the sentences from exercise 1.

1 I am 14 years old.
2 I have blue eyes.
3 I have brown eyes.
4 I have brown hair.

5 I am sporty.
6 I am shy.
7 I am funny.
8 I am moody.

brun and *marron* both mean 'brown'. Look back at exercise 1. When do you use each one?

3 En tandem. Jeu de mémoire. Tu dis deux phrases de l'exercice 1. Ton/Ta camarade dit si c'est vrai ou faux.

In pairs. Memory game. You say two sentences from exercise 1. Your partner says whether it's true or false.

Exemple:

● Je m'appelle Hugo. J'ai les yeux marron.

■ C'est faux!

● Oui, c'est faux. J'ai les yeux bleus.

■ Je m'appelle Abdel. Je suis sportif.

● C'est vrai!

■ Non, c'est faux. Je suis gentil.

C'est vrai.	It's true.
C'est faux.	It's false.

4 Écoute. Copie et complète le tableau. (1–5)

Listen. Copy and complete the grid.

	name	age	hair colour	eye colour	personality
1	Émilie	13	▓▓	grey	very kind
2	Karim	14	black	brown	a bit ▓▓
3	Marion	12	▓▓	green	very ▓▓
4	Lucas	16	brown	▓▓	quite ▓▓, very good-looking
5	Clara	▓▓	red	▓▓	quite good-looking, a bit ▓▓

Studio Grammaire » Page 26

Many adjectives have a different masculine and feminine ending.

masculine: *intelligent   sportif*
feminine: *intelligente   sportive*

très	very
assez	quite
un peu	a bit

5 Lis le texte. Copie et complète la fiche pour chaque personne.

Read the text. Copy and fill in the form for each person.

www.trouvedesamis.fr

J'ai quatorze ans. J'ai les cheveux longs et noirs et les yeux marron. Je suis assez sportive: j'aime le foot et le tennis. Je suis aussi très sociable!
Cassandra

J'ai quinze ans. Je suis très drôle et sympa. J'ai les yeux bleus et les cheveux blonds courts. À mon avis, je suis assez beau (et très modeste!).
Maxime

J'ai treize ans. J'ai les cheveux roux et les yeux verts. Je suis un peu timide mais très gentil et sincère. Je ne suis pas sportif, mais j'adore le cinéma.
Quentin

J'ai seize ans. Je suis assez intelligente, mais un peu lunatique! J'ai les cheveux bruns et les yeux gris. J'aime la natation.
Chloé

Name: ....
Age: ....
Physical appearance: ....
Personality: ....
Any other details: ....

beau/belle	good-looking/beautiful
roux	red
vert	green

Remember, the words **ne ... pas** make something negative:

Je <u>ne</u> suis <u>pas</u> beau. – I'm <u>not</u> good-looking.

6 En tandem. Présente-toi! Ton/Ta camarade commente ta prononciation.

Bravo! Ta prononciation est super!

Ta prononciation est assez bonne.

Bon effort. Mais tu as un problème de prononciation.

Je m'appelle ...		J'ai ... ans.		
J'ai les cheveux	blonds	noirs	bruns	roux
J'ai les yeux	bleus	marron	gris	verts
Je suis	assez	beau		belle
Je ne suis pas	très	drôle		drôle
	un peu	gentil		gentille
		intelligent		intelligente
		lunatique		lunatique
		sportif		sportive
		timide		timide

7 Écris un e-mail avec une description de toi à trouvedesamis.fr.

○ *Talking about Facebook*

○ *Using present tense verbs*

1 **Écoute et écris les lettres dans le bon ordre. (1–6)**

Listen and write down the letters in the right order.

> Qu'est-ce que tu fais sur Facebook?

a

Coucou! Ça va?

Je poste des messages à mes copains.

b

Je modifie mes préférences.

c

L'album de Sara.

Je regarde les photos de mes copains.

d

Tu es belle!

Je commente des photos.

e

Tu es invité

J'invite mes copains à sortir.

f

Es-tu un(e) bon(ne) ami(e)?
A ____
B ____
C ____

Je fais des quiz.

> **Je modifie mes préférences**   I update my likes

2 **En tandem. Fais des conversations. Utilise les renseignements d'en bas.**

In pairs. Make up some conversations. Use the details below.

Exemple:

● *Mina, qu'est-ce que tu fais sur Facebook?*

■ *Je poste des messages à mes copains et j'invite mes copains à sortir. Et toi, Lucie?*

● *Je modifie ...*

Mina	**Lucie**	**Antoine**	**Omar**
a, e	*b, d*	*c, f*	*a, c*

3 **Copie les phrases. Écris correctement les mots en rouge.**

Copy out the sentences. Unjumble the words in red.

1 Je **siaf** des quiz.

2 Je **grearde** les photos de mes copains.

3 J'**itiven** mes copains à sortir.

4 Je **stepo** des messages à mes copains.

5 Je **fidemio** mes préférences.

6 Je **metomenc** des photos.

Studio Grammaire *Page 26*

Many verbs end in **–er** in a word list or dictionary. They change their ending like this in the present tense:

regarder (to look at/watch)

je regard**e**	I look at/watch
tu regard**es**	you look at/watch
il/elle regard**e**	he/she looks at/watches

faire (to do/make) is different:

je fais	I do/make
tu fais	you do/make
il/elle fait	he/she does/makes

 Aim for top spelling!

• *Count the number of letters.*

• *Check the letters are in the right order.*

• *Make sure accents point the right way.*

4 **Fais correspondre le français et l'anglais.**

Match the French and the English.

Exemple: **1** d

1	*souvent*	**a**	every weekend
2	*quelquefois*	**b**	every day
3	*tous les jours*	**c**	once a week
4	*tous les soirs*	**d**	often
5	*tous les weekends*	**e**	every evening
6	*une fois par semaine*	**f**	sometimes

5 **Écoute. Copie et complète le tableau en anglais. (1–5)**

Listen. Copy and complete the grid in English.

	what?	how often?
1	posts messages	every day

> **Tu fais ça souvent?** *Do you do that often?*

6 **Lis les textes et réponds aux questions.**

Read the texts and answer the questions.

Mina

J'adore Facebook! Tous les soirs, je regarde mes messages et je poste des messages sur le mur de mes copains. Souvent, je modifie aussi mes préférences.

Antoine

Sur FB, je regarde et je commente les photos de mes amis. C'est trop cool! Et puis quelquefois, je fais des quiz ou je joue à des jeux. J'adore ça.

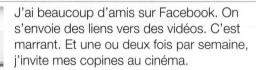

Léa

J'ai beaucoup d'amis sur Facebook. On s'envoie des liens vers des vidéos. C'est marrant. Et une ou deux fois par semaine, j'invite mes copines au cinéma.

> | *le mur* | wall |
> |---|---|
> | *On s'envoie des liens vers ...* | We send each other links to ... |

Who ...

1 often updates his/her likes?
2 invites friends to go and see films?
3 likes commenting on friends' photos?
4 shares video links with friends?
5 sometimes plays games or does quizzes?
6 posts messages on friends' walls every evening?

7 **Qu'est-ce que tu fais sur Facebook? Tu fais ça souvent? Écris un paragraphe. Invente, si tu veux!**

What do you do on Facebook? How often do you do it? Write a paragraph. Make it up if you like!

Exemple:

Tous les jours, je poste des messages à mes copains et une ou deux fois par semaine, je … Quelquefois, je …

> Use connectives to join sentences together:
>
> ***et** – and* ***ou** – or* ***aussi** – also*
>
> *Extra! Try including an opinion:*
>
> • ***J'adore Facebook.** – I love Facebook.*
> • ***C'est trop cool.** – It's really cool.*
> • ***C'est marrant.** – It's funny.*

Tu veux y aller?

○ Inviting someone out
○ Using the verb aller

1 **Écoute et regarde les photos. Qui parle? (1–6)**

Listen and look at the photos. Who's speaking?

Exemple: **1** Guillaume

Où vas-tu le weekend?

Najim

Flavie

Guillaume

Amina

Baptiste

Yasmine

Je vais au fastfood.

Je vais au centre commercial.

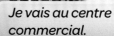

Je vais au cinéma.

Je vais au centre de loisirs.

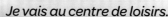

Je vais à la piscine.

Je vais à la patinoire.

2 **En tandem. Jeu de mime.**

In pairs. Mime game.

Exemple:

● Où vas-tu le weekend?
■ Je vais au/à la … (Tu mimes.)
● Tu vas à la piscine?
■ Oui, je vais à la piscine.

Studio Grammaire » Page 26

The verb **aller** means 'to go'.
It works like this:

je vais	I go
tu vas	you go
il/elle va	he/she goes

3 **Copie et complète le texte.**

Copy and complete the text.

Exemple:

Je m'appelle Julie. Tous les weekends,
je vais au centre commercial avec
mes copains.

mais	but
parce que	because

Je m'appelle Julie. Tous les weekends, je vais au avec mes copains. Souvent , je vais aussi au . Quelquefois, je vais au ou à la . Mais je ne vais pas à la parce que je n'aime pas ça.

Complète les phrases pour toi.

Complete the sentences about yourself.

1 Tous les weekends, je vais ▮▮▮.

2 Souvent, je vais aussi ▮▮▮.

3 Quelquefois, je vais ▮▮▮ ou ▮▮▮.

4 Mais je ne vais pas ▮▮▮ parce que je n'aime pas ça.

Écoute. Qu'est-ce que tu entends?
Choisis la bonne réponse. (1–5)

Listen. What do you hear? Choose the right answer.

Exemple: **1** a

Tu veux aller …

1 au cinéma, (a) ce soir (b) demain soir?

2 à la piscine, (a) demain (b) samedi?

3 au fastfood, (a) ce matin (b) cet après-midi?

4 au centre commercial, (a) samedi matin
(b) samedi après-midi?

5 à la patinoire, (a) demain matin (b) demain soir?

Tu veux aller au/à la …?	Do you want to go to the …?
ce matin	this morning
cet après-midi	this afternoon
ce soir	this evening
demain (matin)	tomorrow (morning)
samedi (après-midi/soir)	on Saturday (afternoon/evening)

Écoute à nouveau. La réaction est positive **ou négative** **? (1–5)**

Listen again. Is the reaction positive 😊 *or negative* 😞 *?*

Exemple: 1 😊

Je veux bien.	Non, merci.
D'accord.	Tu rigoles!
Génial!	J'ai horreur de ça!
Pourquoi pas?	Désolé(e), je ne peux pas.

En tandem. Lis la conversation à voix haute, puis change les mots soulignés. Utilise les idées A, B et C.

In pairs. Read the conversation aloud. Then change the underlined words. Use the ideas A, B and C.

Exemple:

● *Allô, oui?*

■ *Salut, c'est moi. Tu veux aller <u>au cinéma, ce soir</u>?*

● *<u>Oui, je veux bien.</u>*

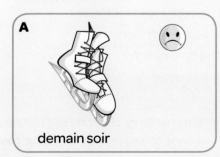

A demain soir

B samedi matin

C samedi après-midi

Écris trois invitations par e-mail. Invente les renseignements.

Write three email invitations. Invent the details.

Exemple:

Salut, Max. Tu veux aller au fastfood, ce soir?

Qu'est-ce que tu as fait samedi?

- Describing a date
- Using the perfect tense

1 **Écoute et mets les images dans le bon ordre. (1–6)**

Listen and put the pictures into the right order.

Exemple: **1** d

a. dansé avec Emma.

J'ai ...

b. joué au bowling avec Enzo.

c. mangé un hamburger avec Zoë.

d. regardé un DVD avec Max.

e. allé au cinéma avec Chloé.

Je suis ...

f. allée en ville avec Seb.

2 **Écris correctement les phrases.**

Write the sentences out correctly.

1. hamburger   J'ai   avec   Lucas.   mangé   un
2. joué   Claire.   au   J'ai   bowling   avec
3. Nathan.   avec   dansé   J'ai
4. avec   regardé   un   J'ai   DVD   Natasha.
5. ville   Anna.   en   suis   avec   allé   Je
6. avec   suis   Je   au   allée   Frank.   cinéma

Studio Grammaire » Page 27

You use the perfect tense to talk about what you did.

Most verbs use **j'ai** and change their ending to –**é**.

j'ai *mangé* (I ate)   **j'ai** *regardé* (I watched)

The verb *aller* is different.

je suis *allé* (I went)

The feminine form adds an extra –*e*.

je suis allée

3 **En tandem. Imagine que tu es sorti(e) avec des célébrités!**

In pairs. Imagine you've been out with celebrities!

Exemple:

● Qu'est-ce que tu as fait samedi?

■ J'ai mangé un hamburger avec Ben Barnes! Et toi?

● Je suis allé(e) au cinéma avec Angelina Jolie!

■ Après, j'ai joué au bowling avec ...

When writing, don't forget the acute accent on perfect tense verbs: **jou<u>é</u>**.

When speaking, don't forget to pronounce the **é**. To pronounce it correctly, say 'ay', but smile as you say it!

après   afterwards

Qu'est-ce que tu   *What did you do*
  as fait samedi?   *on Saturday?*

Écoute. C'était comment? Note l'activité et la lettre de la bonne opinion. (1–5)

Listen. What was it like? Note down the activity and the letter of the right opinion.

Exemple: **1** cinema, a

> C'était comment?

| Je suis allé(e) à une fête. | I went to a party. |

C'était …

a
sympa

b
romantique

c
ennuyeux

d
nul

e
un désastre

En tandem. Fais trois conversations. Utilise les phrases de l'exercice 1 et invente les prénoms.

In pairs. Make up three conversations. Use the phrases from exercise 1 and make up the names.

Exemple:

● Qu'est-ce que tu as fait samedi matin/après-midi/soir?

■ J'ai/Je suis … avec …

● C'était comment?

■ C'était …

Lis les textes et complète le tableau.

Read the texts and complete the grid.

1 Samedi, je suis allé en ville avec Yasmine. Mais elle a parlé sur son portable pendant deux heures! C'était ennuyeux pour moi.
Medhi

2 Je suis allée au parc avec Gabriel. Il a chanté et joué de la guitare. C'était très romantique!
Éloïse

3 Je suis allé à une fête où j'ai rencontré une belle fille, Marielle. J'ai dansé et bavardé avec elle. C'était vraiment sympa.
Ryan

4 Je suis allée au cinéma avec Dylan. Il a mangé un hamburger, deux glaces et un énorme paquet de popcorn! Beurk! C'était horrible!
Camille

Exemple:

	where?	good date?	bad date?	why?
1	town		✓	

Studio Grammaire

To say what someone else did:
- with most verbs you use:
  il/elle a mangé/parlé/joué, etc. (he/she ate/talked/played, etc.)
- but note:
  il/elle est allé(e) (he/she went)

Écris ton blog imaginaire!

Write your imaginary blog!

Exemple:

Lundi, j'ai mangé une pizza avec Robert Pattinson. C'était sympa.

Mardi, je suis allé(e) en ville avec …

Mercredi, j'ai/je suis …

Jeudi, … Vendredi, … Samedi, … Dimanche, …

Fou de musique!

- Describing a music event
- Using *on* in the perfect tense

① Lis et trouve le bon texte pour chaque image. (1–6)

Read and find the correct text for each picture. (1–6).

Je m'appelle Nathan. Le weekend dernier, je suis allé à un festival de musique avec mes copains.

a *On a mangé de la pizza.*

b *On a aussi chanté!*

c *On a regardé le concert sur des écrans géants.*

d *On a bien rigolé. C'était génial!*

e *On a dansé toute la soirée.*

f *On a écouté toutes sortes de musiques.*

 ② Écoute et vérifie. (1–6)

Listen and check.

 ③ Écoute Marielle et choisis la bonne réponse. (1–7)

Listen to Marielle and choose the right answer.

1 Je m'appelle Marielle et j'adore (a) le hip-hop (b) le R&B.

2 Samedi dernier, je suis allée à (a) un concert (b) un festival avec mes copines.

3 On a vu (a) un de mes chanteurs préférés (b) un de mes groupes préférés, qui s'appelle Freddy.

4 On a (a) chanté (b) dansé toute la soirée.

5 C'était (a) super (b) génial (c) cool.

6 Après le concert, on est allées (a) en ville (b) au fastfood, …

7 … où on a mangé (a) des glaces (b) un hamburger-frites.

Studio Grammaire ≫ Page 27

on means 'we'.

In the perfect tense, most verbs work like this:

on **a** dans**é**	we danced
on **a** écout**é**	we listened

The verb *aller* (to go) is different:

on **est** all**és**	we went

If 'we' are all female, add an extra **e**:

on est all**é**es

Prépare un exposé oral. Utilise les images et adapte les phrases de l'exercice 3.

Prepare a presentation. Use the pictures and adapt the sentences from exercise 3.

Exemple:

Je m'appelle Ben et j'adore le rap. Le weekend dernier, je suis allé(e) à un concert avec mes copains/copines …

1 Je m'appelle … et ♥ **le R&B** le rock le hip-hop **LE RAP** la techno

2 Weekend dernier: avec **4** On a C'était

3 On a écouté qui s'appelle … **5** Après le concert, *Fastfood*

En tandem. Fais ton exposé oral. Ton/Ta camarade commente ta prononciation.

In pairs. Give your presentation. Your partner comments on your pronunciation.

Bravo! Ta prononciation est super!

Ta prononciation est assez bonne.

Bon effort. Mais tu as un problème de prononciation.

Lis le texte et complète les phrases.

Read the text and complete the sentences.

Salut! Je m'appelle Alyzée. Le weekend dernier, je suis allée à un concert de «musiques du monde» avec mon frère, Théo. On a écouté toutes sortes de musiques: un groupe de salsa, un chanteur de reggae et un duo pop-rock génial!

Il y avait beaucoup de monde, et on a regardé le concert sur des écrans géants. L'ambiance était fantastique et on a chanté et dansé toute la soirée. C'était hypercool!

Après le concert, on est allés au restaurant où on a mangé de la pizza.

1 Last weekend, Alyzée went to ▒ with ▒.
2 They listened to ▒.
3 There were lots of people, and they watched ▒.
4 The atmosphere was ▒ and they sang and ▒.
5 After the concert, they ▒, where they ▒.

| Il y avait beaucoup de monde. | There were lots of people. |
| l'ambiance | the atmosphere |

Imagine que tu es allé(e) à un concert ou un festival. Écris ton blog.

Imagine that you've been to a concert or festival. Write your blog.

- Introduce yourself and say what sort of music you love.
- Say where you went, when and who with.
- Say who or what you listened to.
- Say what else you did (e.g. sang, danced, …).
- Say what it was like.
- Say what you did afterwards.

Je m'appelle …	et j'adore le/la …		
Samedi dernier, Le weekend dernier,	je suis allé(e)	à un concert à un festival de musique	avec …
On a écouté	toutes sortes de musiques.		
	un de mes chanteurs préférés une de mes chanteuses préférées	qui s'appelle …	
On a	chanté dansé bien rigolé	toute la soirée.	
C'était	cool hypercool génial		
Après le concert/festival,	on est allé(e)s …	où on a …	

*Accents matter, especially in the perfect tense, e.g. **je suis allé(e)/on a écouté**.*

*Also watch out for the three acute accents in **préféré(e)s**.*

Bilan

Unité 1

I can

- give details about myself: *Je m'appelle … . J'ai …. ans.*
- describe myself: *J'ai les cheveux noirs et les yeux bruns.*
- describe my personality: *Je suis gentil(le). Je suis timide.*
- use qualifiers: *Je suis très drôle, mais un peu lunatique.*
- ☐ use the verbs *avoir* and *être*:   *J'ai les yeux bleus. Je suis beau/belle.*
- ☐ make adjectives agree: *Je suis intelligent/intelligente.*

Unité 2

I can

- say what I do on Facebook: *Je modifie mes préférences.*
- use expressions of frequency: *souvent, quelquefois, tous les jours*
- use connectives: *Je regarde et je commente des photos.*
- ☐ use present tense verbs: *Je poste des messages. Je fais des quiz.*

Unité 3

I can

- say where I go at the weekend: *Je vais au cinéma/à la piscine.*
- invite someone out: *Tu veux aller au centre commercial?*
- use time expressions: *samedi soir, demain matin, cet après-midi*
- accept or decline invitations: *Je veux bien. Désolé(e), je ne peux pas.*

Unité 4

I can

- ask someone what they did: *Qu'est-ce que tu as fait samedi?*
- describe a date: *Je suis allé(e) au cinéma avec …*
       J'ai mangé un hamburger avec …
- say what it was like: *C'était romantique./C'était un désastre.*
- pronounce and write *é* correctly: *allé(e), chanté, dansé, mangé*
- ☐ use the perfect tense: *j'ai dansé, je suis allé(e), il a regardé,*
           elle a joué

Unité 5

I can

- talk about a music event: *Je suis allé(e) à un festival avec mes copains.*
       On a écouté toutes sortes de musiques.
- ☐ use *on* (meaning 'we'), in the   *On a dansé toute la soirée.*
  perfect tense: *On a mangé de la pizza.*

Écoute et note la lettre de la bonne activité sur Facebook. (1–6)

Listen and note the letter of the correct Facebook activity.

Exemple: **1** d

 a L'album de Sara.

 b Tu es belle!

 c Tu es invité

 d Coucou! Ça va?

 e

 f Es-tu un(e) bon(ne) ami(e)?

Écoute à nouveau et note la fréquence de chaque activité. (1–6)

Listen again and note the frequency of each activity.

Exemple: **1** every day

a	**b**	**c**	**d**	**e**	**f**
sometimes	every day	every evening	every weekend	once a week	twice a week

En tandem. Fais quatre conversations téléphoniques. Change les mots soulignés.

In pairs. Make up four telephone conversations. Change the underlined words.

Exemple:

● *Allô, oui?*

■ *Salut, c'est moi. Tu veux aller <u>au fastfood, ce soir</u>?*

● *<u>Désolé(e), je ne peux pas.</u>*

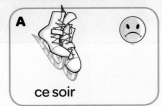 **A** ce soir

 **B** demain soir

 **C** samedi matin

 **D** samedi après-midi

Lis l'e-mail. C'est vrai (V) ou faux (F)?

Read the email. Is it true or false?

Salut, Julie! Ça va? Samedi matin, je suis allée en ville avec Damien. J'ai mangé une glace et Damien a mangé de la pizza. C'était ennuyeux. Samedi après-midi, j'ai joué au bowling avec Lucas. Lucas est assez drôle et très gentil. C'était sympa. Puis samedi soir, je suis allée à la fête de Mathieu. J'ai dansé avec Mathieu. Il est très beau et c'était très romantique!

Marie

1 On Saturday morning, Marie went into town with Damien.
2 Marie ate an ice cream.
3 Marie enjoyed the date with Damien.
4 She went bowling with Lucas on Saturday afternoon.
5 Marie went to the cinema on Saturday evening.
6 Her date with Mathieu was a disaster.

Qu'est-ce que tu as fait samedi? Écris des phrases.

What did you do on Saturday? Write sentences.

1 samedi matin avec Julie/Tariq

2 samedi après-midi avec Anna/Max

3 samedi soir avec Chloé/Hugo

En plus: La Fête de la Musique

Écoute et lis.

Le 21 juin, c'est la Fête de la Musique. Deux jeunes parlent de la Fête de la Musique dans leur pays.

Je m'appelle Ousmane. J'ai 14 ans et j'habite à Tunis, la capitale de la Tunisie. Ici, le soir de la Fête de la Musique, on se retrouve au centre-ville où il y a un stand avec des écrans géants. D'abord, le DJ joue un peu de techno ou un peu de hip-hop et on danse. Après, c'est la musique «live»! L'année dernière, j'ai vu un excellent trio de rappeurs tunisiens. Ensuite, il y avait Cheb Khaled qui est un de mes chanteurs préférés. C'est un chanteur tunisien qui chante du raï. Le raï, c'est un style de musique pop chanté en arabe et en français. La musique a continué jusqu'à minuit! C'était super!

Je m'appelle Lola. J'ai 13 ans. J'habite à Pointe-à-Pitre, la capitale de la Guadeloupe. Ici, la Fête de la Musique, c'est un carnaval caribéen où on peut écouter toutes sortes de musiques. Par exemple, il y a du reggae, du jazz, du calypso et du zouk, qui est un style de musique et de danse traditionnel. Normalement, il fait beau et on danse dans la rue. L'année dernière, j'ai écouté un groupe de cent musiciens! C'était un groupe de tambouristes. Le tambour, c'est un instrument traditionnel de la Guadeloupe. C'était génial!

How to tackle longer texts:
- *First, look at any pictures or headings for clues.*
- *Next, skim quickly through the text to get the gist.*
- *Then re-read the text more slowly. Can you understand any details?*
- *Look for cognates (words that are the same in English) and use the context (what the text is about) to work out new words.*
- *Finally, look up any words you can't guess.*

Relis les textes. Qui dit ça? Ousmane ou Lola? Écris O ou L.

Re-read the texts. Who says that? Ousmane or Lola? Write O or L.

1 We meet up in the town centre.
2 It's a Caribbean carnival.
3 You can hear all sorts of music.
4 Last year, I saw a brilliant rap trio.
5 We dance in the street.
6 There was one of my favourite singers.
7 The music went on until midnight.
8 I listened to a group of a hundred musicians.

Qu'est-ce que c'est en anglais? Regarde les textes et utilise tes réponses à l'exercice 2.

What is it in English? Look at the texts and use your answers to exercise 2.

1 on se retrouve
2 au centre-ville
3 jusqu'à minuit
4 un carnaval caribéen
5 dans la rue
6 cent musiciens
7 un groupe de tambouristes

Relis les textes. Choisis la bonne réponse et écris la phrase complète.

Re-read the texts. Choose the right answer and write out the whole sentence.

Exemple: **1** Tunis, c'est la capitale de la Tunisie.

1 Tunis, c'est un chanteur de rap/la capitale de la Tunisie.

2 Cheb Khaled c'est un chanteur tunisien/une ville tunisienne.

3 Le raï, c'est un style de musique/une danse populaire en Tunisie.

4 Pointe-à-Pitre, c'est un groupe de reggae/la capitale de la Guadeloupe.

5 Le zouk, c'est une rue en Guadeloupe/un style de musique.

6 Le tambour, c'est un instrument de musique/un style de danse.

 Écoute. On parle de la Fête de la Musique en Tunisie ou en Guadeloupe? Écris T ou G. (1–4)

Listen. Are they talking about the Fête de la Musique *in Tunisia or Guadeloupe? Write T or G.*

Exemple: **1** G

 En tandem. Interviewe Ousmane ou Lola. Utilise les questions suivantes.

In pairs. Interview Ousmane or Lola. Use the following questions.

● *Comment t'appelles-tu?*
■ *Je m'appelle (Ousmane).*
● *Où habites-tu?*
■ *J'habite à (Tunis), la capitale de …*
● *La Fête de la Musique, c'est comment dans ta ville?*
■ *(Ici, le soir …)*

● *On peut écouter quelles sortes de musiques?*
■ *On peut écouter …*
● *Qu'est-ce que tu as écouté à la Fête de la Musique l'année dernière?*
■ *L'année dernière, j'ai écouté …*
● *C'était comment?*
■ *C'était …*

 Imagine que tu habites à Paris. Décris la Fête de la Musique dans ta ville. Mentionne les renseignements suivants.

Imagine that you live in Paris. Describe the Fête de la Musique *in your town. Mention the following details.*

- Give your name.
- Say where you live.
- Explain what happens in Paris during the *Fête de la Musique* (use your imagination!).
- Say what or who you listened to/saw there last year.
- Say what it was like.

 Boost your marks with extended sentences! Try using **où** *(where) or* **qui** *(who/which) to create longer sentences.*

On se retrouve au Louvre où il y a un concert avec des écrans géants.

J'ai vu Justin Bieber qui est un de mes chanteurs préférés.

Je m'appelle …			
J'habite à …,	la capitale de …		
Ici, pendant la Fête de la Musique,		on peut	écouter … voir …
Le soir, on se retrouve	à la tour Eiffel au Louvre	où il y a …	
L'année dernière, j'ai vu	un groupe de (rock)/un chanteur de (hip-hop)/une chanteuse de (R&B)		
	(name), qui est un de mes chanteurs/groupes préférés. (name), qui est une de mes chanteuses préférées.		
C'était	génial!　　super!　　hypercool!		

Je parle

Your challenge!

You are going to take part in a 'blind date' speed-dating event in French. You will have two minutes to present yourself! Here are some ideas:

- Give a few personal details (name, age, etc.).
- Describe yourself (looks and personality).
- Say what your interests are.
- Say something memorable about yourself (e.g. something you've done/someone you've met).

> **!** *Use POSM to achieve great results in speaking!*
>
> **P**lan: *Get your ideas down on paper.*
>
> **O**rganise your ideas: *What will you start with? What next? How will you finish?*
>
> **S**elect: *Choose the words and phrases you will need. Include some 'fancy French' (see exercise 8).*
>
> **M**emorise: *Rehearse what you are going to say and memorise it.*

1 Listen to Florian say these sentences. Which of them could he use in his speed-dating presentation? There are two 'red herrings'. (1–8)

Example: **1** ✓

1 Je m'appelle Florian.

2 J'ai quatorze ans.

3 Je voudrais un coca.

4 J'ai les cheveux blonds et les yeux bleus.

5 Ma passion, c'est le sport!

6 Le weekend, je vais au centre de loisirs.

7 Mon tee-shirt est dans le frigo.

8 Je suis gentil et intelligent.

2 Adapt the six correct sentences from exercise 1 so that they refer to you.

3 Look back over the module and find connectives, qualifiers and frequency words that you could use in your presentation to join sentences together or make them longer. Make three lists in French and English.

Example:

connectives	qualifiers	frequency words
et (and)	très (very)	souvent (often)

4 Listen to Élodie and fill in the gaps, using the words provided. Add any extra connectives, qualifiers or frequency words that she uses to your lists.

> Je m'appelle Élodie et j'ai treize ans. J'ai les cheveux noirs ❶ ▭ longs et les yeux marron. Ma passion, c'est la danse, ❷ ▭ j'aime aussi le cinéma. Tous les ❸ ▭, je vais à mon cours de danse ❹ ▭ je vais à la patinoire avec mes copains. Je ne vais pas à la piscine, ❺ ▭ je n'aime pas ça. Je suis très drôle, mais ❻ ▭, je suis ❼ ▭ lunatique.

weekends   un peu

quelquefois

ou   parce que

assez   mais

> **le cours de danse**   dance lesson

5 Listen to these people talking about their memorable experiences. Note down the correct ending for each sentence. (1–5)

Example: **1** b

1 Je suis allé à un match de football et ...
2 J'ai participé à un concours de judo et ...
3 J'ai joué de la guitare à ...
4 J'ai chanté et dansé dans ...
5 Je suis allée à New York et ...

a ... un concert à la télé.
b ... j'ai rencontré David Beckham.
c ... j'ai gagné!
d ... j'ai rencontré Ben Stiller.
e ... un concours de talent.

To reach a higher level, show that you can refer to the past, as well as the present.

j'ai rencontré	I met
j'ai gagné	I won
j'ai participé à	I took part in
un concours	a competition/contest

6 Unscramble these opinions about past events. Use the English translations to help you.

1 C'était laniég! (It was great!)
2 C'était yamsp. (It was nice.)
3 C'était rusep! (It was brilliant!)
4 C'était lôder. (It was funny.)
5 C'était peryhloco! (It was really cool!)

7 Write a sentence about a memorable experience for your presentation and say what it was like. It doesn't have to be true!

Example: L'année dernière, je suis allé(e) à Londres et j'ai rencontré Daniel Radcliffe. C'était super!

8 Wow your audience with some extended sentences! Write two sentences for your presentation, using these ideas.

- A sentence with **où** (where) in it.
  *Je suis allé(e) à Manchester, **où** j'ai joué dans un match de football.*
- A sentence with **qui** (who) in it.
  *J'ai rencontré (Justin Bieber/Will Smith), **qui** est mon (chanteur/acteur) préféré.*
  *J'ai rencontré (Beyoncé/Jennifer Aniston), **qui** est (ma chanteuse/mon actrice) préférée.*

9 Prepare what you are going to say for the speed-dating challenge.

- If it gives you more confidence, write it out in full first. (See Speaking and writing skills on page 128.)
- Then check that what you are going to say is accurate and makes sense.

10 Now memorise your presentation and rehearse it!

- *Find an audience: family, friends – your pet! Ask for honest feedback.*
- *For tips on how to memorise and rehearse, turn to page 128.*

Your challenge!

You are a journalist for a music magazine. You have been sent to report from a music festival. You have to write a blog entry of around 100 words. You could include the following details:

- where you are and what it's like
- your musical tastes
- what you've done at the festival so far
- what it was like.

Use POSM to achieve great results in writing!

Plan: Get your ideas down on paper.

Organise your ideas: What will you start with? What next? How will you finish?

Select: Choose the words and phrases you will need. Include some 'fancy French'.

Make sure: Check that what you have written is accurate.

 **1** **Look at these sentences. They are correct, but if you used them all in your blog, it would sound a bit repetitive. Rewrite them, using some of the alternatives in the box.**

Example: **1** Ma passion, c'est le rap.

1 J'aime le rap.

2 J'aime le hip-hop et le R&B.

3 Mon chanteur préféré, c'est Dizzee Rascal.

4 Ma chanteuse préférée, c'est Lady Gaga.

5 Mon groupe préféré, c'est JLS.

Ma passion, c'est …	I'm passionate about …
J'aime écouter…	I like listening to …
J'adore la musique de …	I love the music of …
Je suis méga fan de …	I'm a huge fan of …
Un de mes chanteurs/groupes préférés, c'est …	One of my favourite (male) singers/groups is …
Une de mes chanteuses préférées, c'est …	One of my favourite (female) singers is …

 **2** **Giving reasons will earn you extra marks. Find the French equivalent of each English phrase in the music from the mp3 player and copy it out correctly.**

Example: **1** parce que j'aime les mélodies

1 because I like the tunes

2 because I like the rhythm

3 because I like the words

4 because it makes me want to dance

parce que	*because*

parcequej'aimelesmélodiesparcequej'aimelarythmiqueparcequej'aimelesparolesparcequeçamedonneenviededanser

3 Complete these sentences about what you did at the festival. Use your own ideas and remember that you are a music journalist! Then put the sentences into whatever order you like, using the sequencing words in the box.

Example: D'abord, j'ai interviewé Rihanna. Ensuite, je suis allé(e) à un concert de Elbow. Puis …

1 Je suis allé(e) …

2 J'ai interviewé …

3 J'ai mangé …

4 J'ai rencontré …

Sequencing words
d'abord (first of all)   ensuite (next)
puis (then)   après (afterwards)

4 Write three sentences saying what something was like, which you could use with some of your sentences from exercise 3. Look back at the module for ideas.

Example: C'était super. C'était …

5 Read the text and fill in the gaps, using the words from the box.

Salut, les fans de musique! Je suis ici au Festival Megabeat, où on peut écouter toutes sortes de **1** ▭.

Ma **2** ▭, c'est le R&B. Je suis méga fan de Rihanna, mais j'aime aussi le reggae, parce que j'adore la **3** ▭.

Hier, d'abord, j'ai rencontré Yannick Noah, qui est un de mes **4** ▭ préférés. Ensuite, j'ai interviewé la chanteuse Jenifer Bartoli. Puis j'ai vu un excellent rappeur qui s'appelle Abd al Malik. C'était **5** ▭!

Après le concert, je suis allé en **6** ▭ avec mes copains, où j'ai mangé un **7** ▭.

chanteurs   génial
hamburger-frites
passion   musiques
ville   rythmique

hier   yesterday

6 Now write your blog from the music festival. Use your answers to the exercises above and borrow ideas from the text in exercise 5.

Example:

Je suis ici au festival de Glastonbury …

 Include some 'fancy French' in your blog! Here are a couple of nice phrases from Unit 5 that you could use:

On a dansé toute la soirée. (We danced all night.)

L'ambiance était fantastique. (The atmosphere was fantastic.)

See if you can find any more phrases from the module that you could use.

7 Check what you have written carefully, or ask a friend to check it. Use the checklist below. Redraft your blog entry, correcting any mistakes.

How to check for accuracy. Check:
- *spelling (Especially words with lots of vowels in them, like **chanteur**, **c'était**)*
- *accents (Are any missing? Are they the right way round? E.g. **préféré**)*
- *gender and number (Do you need **le**, **la**, **l'** or **les**? **un**, **une** or **des**?)*
- *present tense verbs (Don't confuse **j'ai** – I have, **j'aime** – I like, **je suis** – I am)*
- *perfect tense (**J'ai écouté/dansé/rencontré/interviewé**, etc., but **je suis allé** – **allée** if you are female).*

Studio Grammaire

Adjectives

Most French adjectives change their endings from the masculine to the feminine form.
Most change by adding **–e** in the feminine form.

Some adjectives are irregular – they follow their own pattern.

masculine	feminine	meaning
sport**if**	sport**ive**	sporty
gent**il**	gent**ille**	kind
b**eau**	b**elle**	good-looking/beautiful
sympa	sympa	nice
timide	timide	shy

1 Translate these sentences into French, once for a boy, once for a girl.
  1 I am intelligent.
  2 I am kind.
  3 I am sporty.
  4 I am funny.
  5 I am shy.

The present tense

Regular –er verbs

The infinitive is the form of a verb that you find when you look it up in a dictionary
(e.g. regard**er** – to look at). Many infinitives end in **–er**. These verbs follow a pattern.
In the present tense, you take off the **–er** and add these endings:

je regard**e**   I look at/watch   **il/elle** regard**e**   he/she looks at/watches
tu regard**es**   you look at/watch   **on** regard**e**   we look at/watch

2 Copy out the two verbs below and fill in the gaps. Follow the pattern of regarder, above.
  inviter (to invite)   **commenter** (to comment on)
  j'invite   il/elle invite   je ▮▮▮▮   il/elle ▮▮▮▮
  tu ▮▮▮▮   on ▮▮▮▮   tu commentes   on commente

3 Copy out these sentences, putting the correct ending on to the verbs in brackets.
  1 Je (modifier) souvent mes préférences.
  2 Je (poster) des messages à mes copains.
  3 Tu (inviter) tes copains à sortir.
  4 Il (regarder) les photos de ses copains.
  5 Elle (commenter) des photos.
  6 On (adorer) Facebook!

Irregular verbs: aller, avoir, être and faire

The verbs aller (to go), avoir (to have), être (to be) and faire (to do/make) are irregular
and do not follow a pattern. You need to learn them by heart.

4 Copy out the sentences, choosing the correct form of the verb. Then match each
sentence to the correct translation. Look at the verb tables on page 126 if you need help.
  1 Je vais/va au centre commercial.
  2 Tu as/a les yeux bleus.
  3 Il es/est un peu timide.
  4 On fais/fait des quiz.
  5 Je suis/est très intelligent.
  6 Elle ai/a les cheveux noirs.
  7 On vais/va à la piscine.

  a I am very intelligent.
  b She has black hair.
  c I go to the shopping centre.
  d He is a bit shy.
  e We go to the swimming pool.
  f You have blue eyes.
  g We do quizzes.

The perfect tense with *avoir*

You use the perfect tense to say what you did or what you have done.

J'ai mangé un hamburger. (I ate/I have eaten a burger.)

The perfect tense has two parts:

1 part of the verb *avoir* (a few verbs use *être* – see the next section)
2 the past participle.

To form the past participle of regular **–er** verbs:

take off **–er** and add **–é**.

*regard**er** → regard**é***

j'ai regardé	I watched/have watched
tu as regardé	you watched/have watched
il/elle a regardé	he/she watched/has watched
on a regardé	we watched/have watched

acheté   visité

envoyé   joué

mangé   rencontré

regardé   écouté

dansé   parlé

5 Complete the following sentences with the past participles on the right.

1 *J'ai ▮▮▮ de la pizza.*
2 *Tu as ▮▮▮ la télé.*
3 *Elle a ▮▮▮ de la musique.*
4 *On a ▮▮▮ à la discothèque.*
5 *J'ai ▮▮▮ au football.*
6 *Il a ▮▮▮ sur son portable.*
7 *On a ▮▮▮ le musée.*
8 *Il a ▮▮▮ un jean.*
9 *Elle a ▮▮▮ un beau garçon.*
10 *J'ai ▮▮▮ des cartes postales.*

The perfect tense with *être*

Although most verbs use *avoir* to form the perfect tense, a small group of verbs use *être* instead.

One important verb in this group is *aller* (to go): *je **suis** allé* (I went).

If the person in question is female, you add an extra **–e**: *je suis allé**e***.

If you are referring to more than one person, add **–s**: *on est allé**s*** (we went).

je suis allé(e)	I went
tu es allé(e)	you went
il est allé	he went
elle est allée	she went
on est allé(e)s	we went

6 *avoir* or *être*? Copy out the sentences, choosing the correct verb in red. Then translate the sentences.

1 *Samedi matin, j'ai/je suis allé en ville avec Julie.*
2 *Elle a/est mangé une glace.*
3 *Samedi après-midi, on a/est joué au bowling.*
4 *Samedi soir, tu as/es allée au cinéma?*
5 *Non, j'ai/je suis regardé un DVD avec Thomas.*
6 *Après, on a/est écouté de la musique.*
7 *Dimanche matin, j'ai/je suis joué au foot.*
8 *Hier, on a/est allés à la piscine.*
9 *L'année dernière, elle a/est visité Paris.*
10 *J'ai/Je suis parlé avec mon père.*

Vocabulaire

Tu es comment? • *What do you look like?*

J'ai les cheveux …	*I have … hair.*
blonds.	*blond*
noirs.	*black*
bruns.	*brown*
roux.	*red*
J'ai les yeux …	*I have … eyes.*
bleus.	*blue*
marron.	*brown*
gris.	*grey*
verts.	*green*
Je suis beau/belle.	*I am good-looking/ beautiful.*

Mon caractère • *My personality*

Je suis …	*I am …*
drôle.	*funny.*
gentil(le).	*kind.*
intelligent(e).	*intelligent.*
lunatique.	*moody.*
sportif/sportive.	*sporty.*
timide.	*shy.*

Qu'est-ce que tu fais sur Facebook? • *What do you do on Facebook?*

Je poste des messages à mes copains.	*I post messages to my friends.*
Je modifie mes préférences.	*I update my likes.*
Je regarde les photos de mes copains.	*I look at my friends' photos.*
Je commente des photos.	*I comment on photos.*
J'invite mes copains à sortir.	*I invite my friends out.*
Je fais des quiz.	*I do quizzes.*

La fréquence • *Frequency*

quelquefois	*sometimes*
souvent	*often*
tous les jours	*every day*
tous les soirs	*every evening*
tous les weekends	*every weekend*
une fois/deux fois par semaine	*once/twice a week*

Où vas-tu le weekend? • *Where do you go at the weekend?*

Je vais …	*I go …*
au centre commercial.	*to the shopping centre.*
au centre de loisirs.	*to the leisure centre.*
au cinéma.	*to the cinema.*
au fastfood.	*to the fast-food restaurant.*
à la patinoire.	*to the ice rink.*
à la piscine.	*to the swimming pool.*

Les invitations et les réactions • *Invitations and reactions*

Tu veux aller …	*Do you want to go …*
au cinéma /à la piscine?	*to the cinema/ swimming pool?*
ce matin	*this morning*
cet après-midi	*this afternoon*
ce soir	*this evening*
demain (matin)	*tomorrow (morning)*
samedi (après-midi/soir)	*Saturday (afternoon/ evening)*
Oui, je veux bien.	*Yes, I'd like to.*
D'accord.	*OK.*
Génial!	*Great!*
Pourquoi pas?	*Why not?*
Non, merci.	*No thanks.*
Tu rigoles!	*You're joking!*
J'ai horreur de ça!	*I hate that!*
Désolé(e), je ne peux pas.	*Sorry, I can't.*

Qu'est-ce que tu as fait samedi? • *What did you do on Saturday?*

J'ai dansé avec …	*I danced with …*
J'ai joué au bowling avec …	*I went bowling with …*
J'ai mangé un hamburger avec …	*I ate a hamburger with …*
J'ai regardé un DVD avec …	*I watched a DVD with …*
Je suis allé(e) au cinéma avec …	*I went to the cinema with …*
Je suis allé(e) en ville avec …	*I went into town with …*
Je suis allé(e) à une fête avec …	*I went to a party with …*
C'était …	*It was …*
génial.	*great.*
romantique.	*romantic.*
sympa.	*nice.*
ennuyeux.	*boring.*
nul.	*rubbish.*
un désastre.	*a disaster.*

Au festival de musique • *At the music festival*

On a écouté toutes sortes de musiques.	*We listened to all sorts of music.*
On a chanté.	*We sang.*
On a dansé toute la soirée.	*We danced all night.*
On a mangé de la pizza.	*We ate pizza.*
On a regardé le concert sur des écrans géants.	*We watched the concert on giant screens.*
On a bien rigolé.	*We had a good laugh.*

Les mots essentiels • *High-frequency words*

oui	*yes*
non	*no*
j'ai	*I have*
je suis	*I am*
et	*and*
mais	*but*
ou	*or*
aussi	*also*
très	*very*
assez	*quite*
un peu	*a bit*
avec	*with*
qu'est-ce que?	*what?*
pourquoi?	*why?*
parce que	*because*
ce/cet	*this*
merci	*thank you*

Stratégie 1

Endings, not beginnings

When you want to work out what a verb means, look at the end of the word as well as the beginning.

regard**er**	to watch (the infinitive)
regard**e**	watch/watching (present tense)
regard**é**	watched (past participle)

Did you know?

- 1,500 cups of coffee are drunk every minute in France.
- 34 kilos of sugar are consumed by the average French person each year.
- The average French person eats 1.8 kilos of breakfast cereal each year. A British person eats 7 kilos!
- 3.8 kilos of strawberries are eaten every second in France.

Surfing is a great way to stay fit and is becoming increasingly popular in France. The best surfing beaches are on the south-west Atlantic coast, where you can expect big waves in the autumn and winter. Jeremy Flores and Tim Boal are both young French surfers to watch. Where can you surf in the UK? Do you fancy riding a wave?

Paintballing has become very popular in France. In the last five years, it has increased in popularity more than any other sport.

Do you know the rules? Why do you think it is so popular? Would you like to play?

More than 6 million French children eat in the school canteen every day. There are strict rules about French school lunches to make sure that pupils eat a balanced diet, including raw fruit and vegetables, protein, fibre, vitamins and not too many fried foods.
A typical lunch menu might be:

Crudités
Poulet rôti Haricots verts
Petit fromage frais

How does this menu compare with the one in your school canteen?

According to a recent survey, the top three most popular dishes in France are:

1 *blanquette de veau*
2 *couscous*
3 *moules frites.*

The favourite dessert in France is ice cream.

Have you tried any of the French favourites?
What would your top three dishes be?

When you see an escalator, do you get on it or do you take the stairs? You should do 30 minutes' physical activity per day in order to stay healthy. You don't have to be super sporty – just make sure you walk instead of going in the car or taking the bus.

Learning the parts of the body

Using à + the definite article

1 Écoute et écris la bonne lettre. (1–14)

Exemple: **1** h

Le corps

a la tête
b la main
c les fesses
d le genou
e l'épaule
f le bras
g le dos
h la jambe
i le pied

Le visage

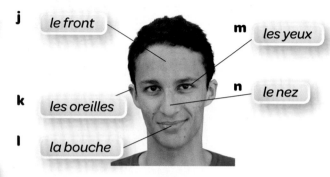

j le front
k les oreilles
l la bouche
m les yeux
n le nez

2 Copie et complète les parties du corps.

1 l● m●i●

2 l● ●i●d

3 l'é●a●l●

4 l● d●●

5 l● j●m●e

6 l●● ●e●x

7 l● b●u●h●

8 l●● ●e●s●s

3 On joue au paintball. Écoute et remplis le tableau.
Utilise les lettres de l'exercice 1. (1–4)

1 Hélio   2 Odyssée   3 Charles   4 Fatima

	touché(e)
1 Hélio	f, …

Studio Grammaire » *Page 48*

à changes when it is followed by the definite article:

à + le → au
à + la → à la
à + l' → à l'
à + les → aux

Je suis touché **au** front.
I have been hit on the forehead.

4 En tandem. Fais quatre dialogues, suivant le modèle.

Exemple: **A**

● Tu es touché(e)? Où est-ce que tu es touché(e)?

■ Au bras et aussi à la jambe.

A

B

C

D

Practise saying: **Où est-ce que tu es touché(e)?**

Make every syllable count.

It sounds like this:
'Oo-ess-kuh-tu-eh-tush-ay'

un œil	one eye
des yeux	eyes

 5 Lis le texte. Choisis la bonne réponse et écris la phrase complète.

Le paintball, c'est ma passion!

Je m'appelle Félix et je suis membre de l'association de paintball de la côte d'Opale.

Je joue tous les dimanches. Pour 30 euros, j'ai deux heures de jeu avec tout le matériel nécessaire.

- Si on est touché(e) à la jambe ou au bras, on est blessé(e), mais on n'est pas éliminé(e).
- Si on est touché(e) au dos, à l'épaule ou au visage, on est éliminé(e).

Le fairplay est très important. J'aime jouer et j'aime gagner!

blessé(e)	*injured*
gagner	*to win*
éliminé(e)	*eliminated*

1 Félix est membre de l'association de paintball de la côte d'Opale/ côte d'Émeraude.

2 Il joue tous les jours/tous les dimanches.

3 Pour 30 euros, on peut jouer pendant 120 minutes/180 minutes.

4 Si on est touché(e) à la jambe ou au bras, on est blessé(e)/on est éliminé(e).

5 Pour l'association de paintball de la côte d'Opale, le fairplay est très important/ n'est pas très important.

 6 Fais correspondre les phrases et les photos.

 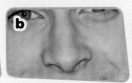  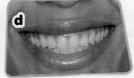 

1 Ce sont les yeux de Cheryl Cole.

2 C'est la main de Catherine, Duchesse de Cambridge.

3 C'est le nez de Daniel Radcliffe.

4 C'est la bouche de Beyoncé.

5 C'est le front de Justin Bieber.

> *In French, to say that something belongs to someone, you use* **de**:
> **les cheveux de Cheryl Cole** *Cheryl Cole's hair*
> **le pied de Lionel Messi** *Lionel Messi's foot*

 7 Écoute et vérifie tes réponses. (1–5)

> singular: **c'est** *(it is)*
> plural: **ce sont** *(they are)*

8 En tandem. Ce sont les oreilles (etc.) de qui? Discute!

In pairs. Whose ears (etc.) are they? Discuss!

● *Je pense que ce sont les oreilles du prince Harry.*

■ *Non, non. Moi, je pense que ce sont les oreilles du prince Charles.*

| **Je pense que ...** | *I think that ...* |

    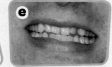

 9 Décris ta personne idéale.

Exemple:

(My ideal person has Lionel Messi's feet ...)

Ma personne idéale a les pieds de Lionel Messi ...

Le sport et le fitness

- Learning about sport
- Using il faut

Écoute et écris la bonne lettre. (1–5)

Pour être un bon sportif, ...

a

il faut aimer la compétition.

b

il faut avoir un bon programme d'entraînement.

c

il faut bien manger.

d

il faut bien dormir.

e

il faut être motivé.

Studio Grammaire

Page 48

il faut literally means 'it is necessary to', but you use it to mean 'I must'/'I need to', 'you must'/'you need to' or 'we must'/'we need to'. It is normally followed by an infinitive.

Il faut être motivé.   I/You/We must be motivated.

Lis les textes. Écris le bon prénom.

Tu aimes le sport?

Mattéo
Moi, j'aime le sport parce que j'aime jouer dans une équipe.

Fouad
Moi, j'aime le sport parce que ça booste le moral.

Candice
Moi, je n'aime pas le sport parce que je n'aime pas la compétition.

Damien
Moi, je n'aime pas le sport parce que c'est fatigant et c'est ennuyeux.

Leïla
Moi, j'aime le sport parce que j'aime la compétition.

Who ...
1 likes sport because they like competition?
2 finds sport tiring?
3 likes sport because it boosts morale?
4 likes sport because they like playing in a team?
5 doesn't like sport because they don't like competition?

When you are dealing with texts, look for cognates to help you understand the meaning.

Cognates are words which are the same or similar in French and English, e.g. **la compétition** *– competition.*

Tu es d'accord ou pas d'accord avec les jeunes de l'exercice 2? Écris deux phrases pour chaque personne.

Exemple:

Je suis d'accord avec ...	*I agree with ...*
Je ne suis pas d'accord avec ...	*I disagree with ...*

1 Je suis d'accord avec Mattéo. J'aime le sport parce que j'aime jouer dans une équipe.

Écoute et écris la bonne lettre. (1–3)

 **a**

 **b**

 **c**

Think carefully about what these photos are telling you. Before you listen, try to predict what each boy might say. For example, what do you think you will hear for c?

En tandem. Fais trois dialogues.

Exemple:

● *Tu aimes le sport?*

■ *Oui, j'aime le sport parce que j'aime la compétition.*

Tu aimes le sport

- ✔ *parce que* ❤ *compétition.*
- ✔ *parce que* ❤ *équipe et* ❤ *moral!*
- ✘ *parce que* 😖 *et fatigant.*

Lis le texte. Mets les phrases en anglais dans l'ordre du texte.

Read the text. Put the English sentences into the order of the text.

Un jeune tennisman motivé

Renaud Lefèvre est un jeune tennisman.

Il a quatorze ans.

Le samedi matin, Renaud joue un match.

L'après-midi, il travaille avec son coach.

Ensuite, il a deux heures d'entraînement.

Le dimanche, c'est la même routine!

Pendant la semaine, Renaud fait de l'activité physique tous les jours.

Renaud dit: «À mon avis, pour être un bon sportif:

- il faut aimer la compétition
- il faut avoir un bon programme d'entraînement
- il faut bien manger
- il faut bien dormir
- il faut être motivé!»

a On Saturday mornings, Renaud plays a match.

b You have to be motivated.

c On Sundays, it's the same routine.

d You have to like competition.

e Renaud Lefèvre is a young tennis player.

f Then he has two hours' training.

g In the afternoon, he works with his coach.

h During the week, he exercises daily.

l'entraînement	*training*
la même routine	*the same routine*

Écris un paragraphe où tu donnes ton opinion sur le sport.

J'aime le sport	*parce que*	*j'aime jouer dans une équipe.* *j'aime la compétition.* *ça booste le moral.*
Je n'aime pas le sport	*parce que*	*je n'aime pas la compétition.* *c'est fatigant.* *c'est ennuyeux.*
À mon avis, pour être un bon sportif, il faut …		

Manger sain

- Learning about healthy eating
- Using *du*, *de la* and *des*

1 Fais correspondre les photos et les légendes. Utilise la section vocabulaire si nécessaire.

a du pain **b** du poisson **c** de la viande **d** de l'eau **e** des produits laitiers

f des fruits **g** des légumes **h** des chips **i** des boissons gazeuses **j** des sucreries

2 Écoute et vérifie tes réponses. (1–10)

3 C'est sain ou pas sain? Fais deux listes.
Is it healthy or unhealthy? Make two lists.

sain	pas sain
des fruits	des boissons gazeuses

4 Écoute. Copie et complète le tableau en anglais. (1–4)

1 Élisa **2** Artur **3** Clarisse **4** Manu

Studio Grammaire 〉〉 Page 48

du, *de la*, *de l'* and *des* all mean 'some'.
How do you know which one to use? See below.

	singular			plural
	masculine	feminine	before vowel	
	du *pain*	**de la** *viande*	**de l'** *eau*	**des** *chips*

Studio Grammaire 〉〉 Page 49

Negative expressions go around the verb.

Je **ne** mange **pas** de chips.	I don't eat crisps.
Je **ne** bois **jamais** de boissons gazeuses.	I never drink fizzy drinks.

After *pas/jamais*, *du*, *de la*, *de l'*, *des* → *de/d'*.

		eats/drinks	doesn't eat/drink	never eats/drinks
1	*Élisa*	fruit …		

 Fais un sondage dans ta classe. Note les réponses.

● *Tu manges sain ou tu ne manges pas sain?*

■ *Je mange sain./Je ne mange pas sain.*

  Je mange des ...
  Je ne mange pas de ...
  Je ne mange jamais de ...

 Lis les textes. Note les bonnes lettres pour chaque personne.

Exemple: Gabriel: a, ...

> Je mange des fruits. J'adore les bananes et les fraises et je mange aussi des légumes. Je ne bois jamais de boissons gazeuses parce que je préfère l'eau. Je ne mange pas de chips et je ne mange jamais de sucreries. Moi, je mange sain.
>
> **Gabriel**

> J'adore le chocolat, et je mange des chips tous les jours. Et alors? Je mange des hamburgers et des frites et je bois des boissons gazeuses. Je ne mange pas de fruits et je ne mange JAMAIS de légumes. En plus, je déteste les produits laitiers – BEURK!
>
> **Lucas**

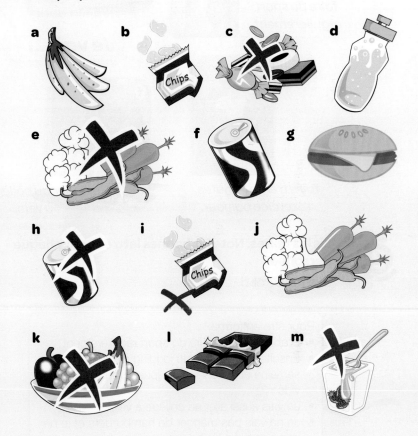

 Tu es un ange ou un diable? Tu manges sain ou tu ne manges pas sain? Écris des phrases.

 Je mange sain.   *Je ne mange pas sain.*

  Je mange du/de la/des ...
  Mais je ne mange pas de ...
  Je bois du/de la/des ...
  Mais je ne bois jamais de ...

> Use the negatives you know to vary your answers. If you want to be diabolically unhealthy, you can make all the healthy eating phrases you know mean exactly the opposite.
>
> **Je ne mange pas de fruits. Non, merci!**
>
> **Je ne bois jamais d'eau.**
>
> You don't have to be deadly serious all the time. Have fun with French!

Je vais changer ma vie!

- Making plans to get fit
- Using the near future tense

 1 Écoute et écris la bonne lettre. (1–6)

Exemple: **1** c

a

b manger sain.

c prendre des cours d'arts martiaux.

d aller au collège à pied.

faire du sport régulièrement.

Je vais ...

e faire trente minutes d'exercice par jour.

f aller au collège à vélo.

Studio Grammaire
» Page 49

You use *aller* (to go) + the infinitive to say what you are 'going to do'.

Je vais manger sain.
I am going to eat healthily.

Je ne vais pas jouer à des jeux vidéo.
I am not going to play video games.

On va faire du sport.
We are going to do sport.

 2 Lis les textes. Note les bonnes lettres pour chaque personne.

Exemple: Pol: d, ...

Pour être en forme:
- D'abord, je vais faire du sport régulièrement.
- Ensuite, je vais faire du jogging deux fois par semaine et je ne vais pas jouer à des jeux vidéo 😞.
- Je vais aussi aller au collège à vélo.
- Je ne vais pas manger de hamburgers et je ne vais pas boire de boissons gazeuses .
Voilà!

Pol

Pour être en forme:
- D'abord, je vais manger sain. Je ne vais pas manger de frites, par exemple 😞.
- Ensuite, je vais aller au collège à pied 😊.
- Je vais faire trente minutes d'exercice par jour.
- Je vais aussi prendre des cours d'arts martiaux.

Laëtitia

Pol and Laëtitia use sequencers and connectives to make their answers more interesting.

d'abord – first   **et** – and
ensuite – next   **aussi** – also

Try using some in your own writing and speaking.

a  x2

b

c

d

e

f

g

h

i

j

k

3 En tandem. Joue! Jette le dé et fais des phrases.

● *Qu'est-ce que tu vas faire pour être en forme?*

■ *Je vais ...*

4 Écoute. Qu'est-ce qu'ils vont faire pour être en forme? Copie et complète le tableau en anglais. (1–3)

Listen. What are they going to do to get fit? Copy and complete the grid in English.

1 Nico **2** Coline **3** Axelle

		resolutions
1	Nico	

5 Lis l'histoire. C'est vrai (V) ou faux (F)?

Au camp fitness!

Bienvenus au camp fitness, Simon, Jamel et Margot! Et voici les règles du camp: au camp fitness, on va faire des activités physiques tous les jours!

On ne va pas manger de sucreries et on ne va pas boire de boissons gazeuses. On va faire trente minutes d'exercice par jour et on va faire du sport régulièrement.

On ne va pas manger de frites. On va manger sain!

On va être en forme! L'échec n'est pas une option!

1 Au camp fitness, on va faire de l'exercice tous les jours.
2 Au camp fitness, on ne va pas manger de bonbons.
3 Au camp fitness, on va boire du coca.
4 Au camp fitness, on ne va pas manger sain.
5 Au camp fitness, être en forme, c'est l'objectif.

l'échec failure

6 Copie et complète les règles pour un camp anti-fitness.

Exemple: **1** Au camp anti-fitness, on va manger des sucreries.

Au camp anti-fitness ...

1 on va manger des .

2 on va manger des .

3 on va manger des .

4 on va boire des .

5 on ne va pas manger de .

6 on ne va pas boire d' .

1 Écoute et lis. Qui parle? Écris le bon prénom. (1–5)

Exemple: **1** Djamel

	En général, ...	mais à l'avenir, ...
Barnabé	je ne fais pas beaucoup d'activité physique,	je vais faire trente minutes d'exercice par jour.
Élise	je ne mange pas très sain,	je vais manger des fruits et des légumes.
Djamel	je vais au collège en bus,	je vais aller au collège à pied.
Leïla	à midi, je mange un hamburger,	à midi, je vais manger une salade.
Marco	je joue à des jeux vidéo,	je vais jouer au foot deux fois par semaine.

2 Lis les textes de l'exercice 1 et écris le bon prénom.

Who ...

1 doesn't eat healthily?
2 plays video games?
3 isn't very active?
4 gets the bus to school?
5 is going to eat a salad for lunch in future?
6 is going to do 30 minutes' exercise per day?
7 is going to play football twice a week?
8 is going to walk to school?

3 Écoute les interviews. Copie et complète le tableau en anglais. (1–4)

1 Loïc   **2** Estelle   **3** Patrice   **4** Sahda

	in general	in the future
1 Loïc		

4 En tandem. Fais trois dialogues. Change les mots soulignés.

Exemple: **1**

● *Tu es en forme?*

■ *Non, en général, je ne fais pas beaucoup d'activité physique et j'aime les hamburgers, mais à l'avenir, je ne vais pas manger de hamburgers.*

Studio Grammaire » Page 49

Je mange ...	I eat ...
Je vais manger ...	I am going to eat ...

en forme?   en général   à l'avenir

1 ✗

2 ✗

3 ✗

 Lis l'article. C'est vrai (V) ou faux (F)?

Résolutions pour une vie plus saine

Moi, j'adore le fastfood. Je suis accro. Les hamburgers et les frites, avec une boisson gazeuse, miam-miam. Pour moi, c'est le repas idéal, mais j'aime aussi beaucoup le sport. J'adore le foot, c'est génial. J'aime beaucoup jouer dans une équipe et j'aime la compétition.

Mon coach dit que je ne mange pas sain et que je dois changer ma vie, alors, à l'avenir, je ne vais pas manger de hamburgers, je ne vais pas boire de boissons gazeuses et je ne vais pas manger de frites. Au revoir, MacDo …

Malik

En général, je ne suis pas très active: j'adore jouer à des jeux vidéo ou regarder un DVD, et je déteste le sport. À mon avis, c'est ennuyeux, ça ne m'intéresse pas.

Je mange assez sain. Je mange des légumes et des fruits, mais on me dit qu'il faut aussi faire de l'exercice.

Alors, pour être en forme, d'abord, je vais aller au collège à pied.

Ensuite, je vais faire du vélo deux fois par semaine. Voici ma solution!

Aline

1 Malik adore les légumes.
2 Aline aime beaucoup jouer sur son ordi.
3 Malik déteste le sport.

4 Aline n'aime pas les fruits.
5 Malik ne va pas boire de coca à l'avenir.
6 Aline va aller au collège à vélo.

 Imagine que tu es Noëlle. Prépare un exposé.

 surfer sur Internet

 jouer à des jeux vidéo

Mais j'ai un problème … ⚠

pas très active et ✘ sport

Alors, à l'avenir:

D'abord ⚽ et 👟 🏫

Ensuite 🥋

Voilà!

Noëlle

 Écris ton exposé.

To aim for a higher level, show that you can use two tenses together:
Je mange des légumes et je bois de l'eau. PRESENT
Je ne vais pas manger de frites. NEAR FUTURE

Check for accuracy. Use the **Studio Grammaire** *boxes and the verb tables on pages 126–127 to help you. You learn by checking. It's a very good skill to learn!*

Bilan

Unité 1

I can
- name the parts of the body: *le nez, la main, les oreilles*
- describe my ideal person: *Ma personne idéale a …*
- ☐ use *c'est* and *ce sont*:   *Ce sont les pieds de Wayne Rooney.*
- ☐ use *à* + the definite article: *Je suis touché(e) au bras et à la jambe.*

Unité 2

I can
- say what you need to be a good sportsperson: *Pour être un bon sportif, il faut bien dormir.*
- give my opinion of sport: *Moi, j'aime le sport parce que j'aime la compétition.*
- ☐ use *il faut* plus the infinitive: *Il faut être motivé.*

Unité 3

I can
- name a variety of food and drinks: *du pain, de la viande, de l'eau, des fruits*
- say what I eat and don't eat: *Je mange des fruits et je mange aussi des légumes. Je ne mange pas de chips.*
- say whether I eat healthily or unhealthily: *Moi, je mange sain. Je ne mange jamais de sucreries.*
- ☐ use *du, de la, de l'* and *des*:   *du poisson, de la viande, de l'eau, des sucreries*
- ☐ use negatives: *Je ne mange pas de hamburgers et je ne bois jamais de boissons gazeuses.*

Unité 4

I can
- say what I will do to get fit: *Je vais aller au collège à vélo.*
- ask someone what they are going to do to get fit: *Qu'est-ce que tu vas faire pour être en forme?*
- use sequencers: *D'abord, je vais faire du sport régulièrement. Ensuite, je vais manger sain.*
- ☐ use the near future tense: *Je vais prendre des cours d'arts martiaux.*

Unité 5

I can
- say how fit I am now: *En général, je ne suis pas très actif/active.*
- say what I am going to do differently: *Alors, pour être en forme, je vais aller au collège à pied.*
- ☐ use two tenses together: *Je ne suis pas très actif/active, mais à l'avenir, je vais aller au collège à pied.*

1 Écoute et écris les bonnes lettres. (1–4)

a   b   c   d   e   f   g   h

2 En tandem. Réponds aux questions.

● Tu aimes le sport?

■ Moi, j'aime le sport parce que …

● Tu manges sain?

■ Je mange …   ■ Je ne mange pas de …

● Tu fais beaucoup d'activité physique, en général?

■ En général, je …

● Qu'est-ce que tu vas faire pour être en forme?

■ À l'avenir, je vais …

3 Lis le texte. Copie et complète les phrases en anglais.

Ma passion, c'est la natation.

Je fais une heure d'entraînement avant le collège tous les jours de la semaine.

Le weekend, j'ai cours de huit heures à dix heures, et puis normalement, il y a des compétitions une fois par mois.

Il faut être discipliné et il faut aimer la compétition.

Un jour, je vais aller aux Jeux olympiques!

Jade

1 Every day, Jade does ▮▮▮▮ before school.

2 At the weekend, she has lessons from ▮▮▮▮ to ▮▮▮▮.

3 Once a month, there are ▮▮▮▮.

4 You have to be ▮▮▮▮ and you have to like ▮▮▮▮.

5 One day, Jade is going to ▮▮▮▮.

4 Écris correctement les résolutions pour être en forme.

1   Je   au   vais   pied.   aller   à   collège

2   vais   Je   d'exercice   par   faire   jour.   trente   minutes

3   Je   aller   vais   au   à   collège   vélo.

4   vais   faire   du   Je   régulièrement.   sport

5   sain.   manger   vais   Je

6   prendre   des   Je   cours   vais   d'arts   martiaux.

En plus: Les sportifs français

Lis l'interview avec Mathilde Bergeron. Copie et complète la fiche en anglais.

Mathilde Bergeron: pentathlète française, triple championne du monde et double championne d'Europe

Parle-nous de ton programme d'entraînement, Mathilde.
Je m'entraîne de 9h30 à 12h30 et de 15h45 jusqu'à 19h.

Je fais de la course, de la natation et de l'escrime tous les jours. Ensuite, je fais quatre séances de musculation, deux séances de tir et deux séances d'équitation par semaine.

As-tu une discipline préférée?
Ma discipline préférée, c'est l'escrime.

Quelles sont tes ambitions pour cette année?
Le plus important, cette année, est de me qualifier pour les Jeux olympiques. Pour ces JO, je vais travailler avec un entraîneur différent pour chaque discipline.

Je vais me donner à fond pour remplir mes objectifs.

Le pentathlon moderne combine cinq sports différents:

la course

l'escrime

le tir au pistolet

l'équitation

la natation

Sports: ....
Training programme: ....
Favourite sport: ....
Ambition: ....

une séance	*a session*
la musculation	*weight training*
Je vais me donner à fond.	*I am going to give my all.*

Écoute et choisis la bonne réponse.
1 Gwladys Épangue fait **(a)** du judo **(b)** du taekwondo.
2 Elle est championne du monde et **(a)** d'Europe **(b)** olympique.
3 Elle est née le 15 **(a)** avril **(b)** août 1983 à Clichy-La-Garenne.
4 Très jeune, Gwladys **(a)** s'intéresse **(b)** ne s'intéresse pas au sport.
5 Gwladys s'entraîne **(a)** tous les jours **(b)** toutes les semaines.
6 Son objectif pour cette année, **(a)** ce sont les Jeux olympiques **(b)** c'est le championnat de France.

En tandem. Prépare une interview avec Djamel Monfils (un triathlète imaginaire). Utilise les renseignements suivants et invente d'autres idées si tu veux.

● *Quels sont les sports du triathlon?*
■ *La ...*
● *Parle-nous de ton programme d'entraînement.*
■ *Voici mon programme d'entraînement: je fais ...*
● *As-tu une discipline préférée?*
■ *Ma discipline préférée, c'est ...*
● *Est-ce que tu te prépares pour un triathlon en ce moment?*
■ *Je me prépare pour ...*

Sports pratiqués: la natation, la course, le vélo
Programme d'entraînement: ....
quatre séances de natation, une séance de musculation, trois séances de vélo par semaine
Discipline préférée: la natation
Se prépare pour: le triathlon de Paris

4 Lis les textes. Dans quel texte trouves-tu les informations? Écris la bonne lettre.

Exemple: **1** C

Le judo

| le palmarès | honours list |

A Le judo est le troisième sport français après le foot et le tennis.

Plus d'un demi-million de sportifs le pratiquent dans 5500 clubs en France.

C'est un sport qui est pratiqué par les garçons comme par les filles.

En club, les filles peuvent combattre contre des garçons, mais en compétition, les épreuves sont séparées.

On peut commencer le judo à quatre ans.

B Quatre titres de champion du monde à 21 ans! Teddy Riner est une légende!

Teddy Riner est un judoka français.

Il est né le 7 avril 1989 en Guadeloupe, mais sa famille est venue à Paris quand Teddy était très jeune.

À cinq ans, Teddy était très sportif. Le judo, le basket et le foot étaient ses passions.

Maintenant, Teddy pèse 115 kilos et mesure 2,02 mètres.

C

Palmarès de Teddy Riner

Médailles	d'or	d'argent	de bronze
Jeux olympiques	0	0	1
Championnats du monde	4	1	0
Championnats d'Europe	1	0	0

D

Les ceintures

Les ceintures symbolisent la progression des élèves. Les grades qu'on peut gagner dans le judo s'appellent les *dans*.

Ceinture blanche, à partir de 4 ans

Ceinture bleue, à partir de 13 ans

Ceinture jaune, à partir de 8 ans

Ceinture marron, à partir de 14 ans

Ceinture orange, à partir de 10 ans

Ceinture noire, à partir de 15 ans

Ceinture verte, à partir de 12 ans

1 The number of times Teddy Riner has won the European championship

2 Teddy Riner's weight

3 The number of people who do judo in France

4 The minimum age for wearing an orange belt

 When you are reading more complex texts, you don't have to understand every word.
- *Read for gist (general meaning) first, then go back and look for detail.*
- *Use the questions to help you.*
- *Use pictures as clues.*
- *Look for cognates (words which look like English words).*
- *Use common sense.*

 5 Relis les textes. C'est vrai (V) ou faux (F)?

1 En France, le judo est plus populaire que le foot.

2 Teddy Riner est né en Guadeloupe en 1989.

3 La famille de Teddy Riner est venue à Toulouse quand Teddy était très jeune.

4 Teddy Riner a cinq médailles d'or.

5 On peut gagner la ceinture bleue à partir de huit ans.

J'écris

Your challenge!

How I am going to change my life!
You eat 20 packets of crisps and five hamburgers a day, and are not at all active. You would rather watch TV than get out of your armchair, but you have decided to lead a healthier life!

Write a blog entry about your decision. Write about 100 words.
Include the following details:

- what you like to do generally
- what you normally eat and drink
- say that you are going to change your life
- what you are going to eat and drink in future in order to be fit
- what you are going to do in the future to get fit and stay fit.

Use POSM to achieve great results in writing!

Plan: Get your ideas down on paper.

Organise your ideas: What will you start with? What next? How will you finish?

Select: Choose the words and phrases you will need. Include some 'fancy French'.

Make sure: Check that what you have written is accurate.

---

1 **Unjumble these sentences in the present tense. Choose three to use in your answer.**

Example: **1** Je regarde la télé.

1

ej gradree al éétl

3
ej egadrer sed VDD

5
ej fruse rus Itnreten

2

ej uoej à sed xeju déoiv

4

ej siva rus ceFoobka

When you have chosen your three phrases, you could link them together in this way:

En général, je ...
Quelquefois, je ...
et je ...

2 **Make a list of five unhealthy things that you eat and drink at the moment. You can use the prompts given below.**

Example: **1** Je mange des chips.

1 **2**  **3**  **4** **5**

3 **Put these words in order so that they mean 'But I am going to change my life!'.**

vais   mais   je   ma   vie   changer

4 Find four healthy things that you are going to eat and drink in this apple. Add four more of your own.

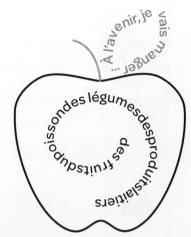

À l'avenir, je vais manger ...

des boissons des légumes des produits laitiers des fruits

5 Decode these sentences in the near future tense. Choose three you could use in your blog entry.

1. Je vais aller au collège à vélo.
2. Je vais faire trente minutes d'exercice par jour.
3. Je vais jouer au foot deux fois par semaine.
4. Je vais prendre des cours d'arts martiaux.
5. Je ne vais pas manger de frites et je ne vais pas manger de hamburgers.

> Make your sentences in the near future more interesting by using:
>
> | | |
> |---|---|
> | **D'abord, ...** | First, ... |
> | **Puis ...** | Then ... |
> | **Ensuite, ...** | Next, ... |

6 Copy the table and put these sentences into the right column.

present	future

1. Je ne vais pas manger de hamburgers, je ne vais pas manger de sucreries et je ne vais jamais boire de boissons gazeuses.
2. En général, je ne fais pas beaucoup d'exercice.
3. Pour être en forme, d'abord, je vais manger sain. Je vais manger des fruits et des légumes et ensuite, je vais boire de l'eau.
4. Je surfe sur Internet et je regarde la télé.
5. Je vais aussi faire trente minutes d'exercice par jour, alors je vais aller au collège à vélo et je vais prendre des cours d'arts martiaux.
6. Mais à l'avenir, je vais changer ma vie!

7 Put the sentences in exercise 6 into a logical order. Start with 2. Look back at the 'Your challenge!' box on page 46 to help you decide on the order.

8 Plan and write your blog entry.

> Check:
> - that you spell words correctly
> - that accents are there and are the right way round
> - your punctuation.

Studio Grammaire

à + definite article

In French, you use *à* with parts of the body to mean 'on' a part of your body.

Je suis touché(e) **au** *bras.*   I have been hit **on** the arm.

à changes when it is followed by the definite article:

à + le → *au*   *à + la* → *à la*
à + l' → *à l'*   *à + les* → *aux*

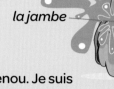

le front
les oreilles
la bouche
l'épaule
la main
le genou
la jambe
le pied

1   Copy the text and decide whether you need to use *au, à la, à l'* or *aux*.

Aïe, je suis touché **①** ▬▬ bouche et **②** ▬▬ genou. Je suis aussi touché **③** ▬▬ épaule, **④** ▬▬ main, **⑤** ▬▬ jambe et **⑥** ▬▬ oreilles, **⑦** ▬▬ front et **⑧** ▬▬ pied. C'est un désastre!

The partitive article

The partitive article means 'some'. It has a different form with masculine, feminine and plural nouns. Use *de l'* before a vowel.

le pain   → **du** *pain*   (some bread)   *l'eau*   → **de l'** *eau*   (some water)
la viande → **de la** *viande* (some meat)   *les chips* → **des** *chips*   (some crisps)

2   Copy the table and write each food or drink in the correct column.

masculine	feminine	beginning with a vowel	plural

des chips   du pain   de la viande   des sucreries   de la pizza   du poisson

des œufs   du poulet   des céréales   de l'eau   des fruits   de la glace

Il faut

il faut literally means 'it is necessary to', but you use it to mean 'I must'/'I need to', 'you must'/ 'you need to' or 'we must'/'we need to'. It is normally followed by **an infinitive**.

Il faut **manger** *sain.*   It is necessary to eat healthily./You must eat healthily.

3   Choose the correct verb form in each sentence. Clue – it's the infinitive! Then match the English to the French.

1 *Il faut aimer/aimez la compétition.*

2 *Il faut êtes/être motivé.*

3 *Il faut faire/fais de l'exercice.*

4 *Il ne faut pas mangé/manger trop de sucreries.*

5 *Il ne faut pas bu/boire trop de boissons gazeuses.*

a You must not eat too many sweets.

b You have to do exercise.

c You must like competition.

d You must be motivated.

e You must not drink too many fizzy drinks.

Negatives

Negatives go around the verb.

Je **ne** joue **pas** au tennis. I don't play tennis.

Je **ne** vais **jamais** au cinéma I never go to the cinema.

Ne shortens to **n'** before a vowel:

Elle **n'**aime **pas** les légumes.

4 Make these sentences negative using the construction in brackets.

1 J'aime le fastfood. (ne ... pas)

2 Elle va faire 30 minutes d'exercice par jour. (ne ... pas)

3 Je mange malsain. (ne ... jamais)

4 Je vais à la salle de gym. (ne ... jamais)

5 Il va au collège à pied. (ne ... jamais)

6 Je vais au fastfood. (ne ... pas)

7 Je mange sain. (ne ... pas)

8 Elle va à la piscine à vélo. (ne ... pas)

The near future tense

To talk about the future, use the near future tense: aller + the infinitive ('going to').

je vais manger I am going to eat

5 Fill in the gaps with the correct infinitive.

1 Je vais ▆▆▆ sain.

2 Je vais ▆▆▆ au collège à pied.

3 Je vais ▆▆▆ au moins trente minutes d'activité physique par jour.

4 Je vais ▆▆▆ à des jeux vidéo.

5 Je vais ▆▆▆ de l'eau.

6 Je vais ▆▆▆ en forme!

aller   jouer   boire

manger   faire   être

Je fais or je vais faire?

Use the **present tense** to say what you normally do.

Je **fais** beaucoup d'activité physique. I **do** a lot of physical activity.

Use **je vais** + infinitive to say what you are going to do.

Je **vais faire** trente minutes d'exercice par jour. I **am going to do** thirty minutes' exercise per day.

6 Choose the correct verb each time.

1 En général, je vais/je vais aller au collège en bus, mais à l'avenir, je vais/je vais aller au collège à pied.

2 En général, je joue/je vais jouer à des jeux vidéo, mais à l'avenir, je joue/ je vais jouer au foot deux fois par semaine.

3 En général, je fais/je vais faire trente minutes d'exercice par jour, mais à l'avenir, je fais/je vais faire deux heures d'exercice par jour.

4 En général, je ne mange pas/je ne vais pas manger sain, mais à l'avenir, je mange/ je vais manger des fruits et des légumes.

Vocabulaire

Les parties du corps • *Parts of the body*

la bouche	*mouth*
le bras	*arm*
le corps	*body*
le dos	*back*
l'épaule	*shoulder*
les fesses	*buttocks*
le front	*forehead*
le genou	*knee*
la jambe	*leg*
la main	*hand*
le nez	*nose*
l'œil	*eye*
les oreilles	*ears*
le pied	*foot*
la tête	*head*
le visage	*face*
les yeux	*eyes*

On joue au paintball • *We go paintballing*

Où est-ce que tu es touché(e)?	*Where have you been hit?*
blessé(e)	*injured*
gagner	*to win*
éliminé(e)	*eliminated*
le membre	*member*
le matériel	*materials*
le fairplay	*fairplay*

Le sport et le fitness • *Sport and fitness*

Pour être un bon sportif, ...	*In order to be a good sportsperson, ...*
Il faut ...	*You must ...*
avoir un bon programme d'entraînement.	*have a good training programme.*
bien manger.	*eat well.*
bien dormir.	*sleep well.*
être motivé.	*be motivated.*
aimer la compétition.	*like competition.*

Tu aimes le sport? • *Do you like sport?*

J'aime ...	*I like ...*
Je n'aime pas ...	*I don't like ...*
jouer dans une équipe	*to play in a team*
Ça booste le moral.	*That boosts morale.*
C'est fatigant.	*It's tiring.*
C'est ennuyeux.	*It's boring.*

Les opinions • *Opinions*

Je pense que ...	*I think that ...*
Je suis d'accord avec ...	*I agree with ...*
Je ne suis pas d'accord avec ...	*I don't agree with ...*
À mon avis, ...	*In my opinion, ...*

La routine • *Routine*

l'entraînement	*training*
faire de l'activité physique	*to do physical activity*
jouer un match	*to play a match*
travailler avec son coach	*to work with your coach*

Manger sain • *Healthy eating*

les boissons gazeuses	*fizzy drinks*
les céréales	*cereals*
les chips	*crisps*
l'eau	*water*
les fruits	*fruit*
les légumes	*vegetables*
les œufs	*eggs*
le pain	*bread*
le poisson	*fish*
les produits laitiers	*dairy products*
les sucreries	*sweet things*
la viande	*meat*
Je mange sain.	*I eat healthily.*
Je ne mange pas sain.	*I don't eat healthily.*
Je mange des ...	*I eat ...*
Je ne mange pas de ...	*I don't eat ...*
Je ne mange jamais de ...	*I never eat ...*

Je vais changer ma vie • *I am going to change my life*

Je vais faire du sport régulièrement.	*I am going to do sport regularly.*
Je vais manger sain.	*I am going to eat healthily.*
Je vais prendre des cours d'arts martiaux.	*I am going to take martial-arts classes.*
Je vais aller au collège à pied.	*I am going to walk to school.*
Je vais faire trente minutes d'exercice par jour.	*I am going to do thirty minutes' exercise per day.*
Je vais aller au collège à vélo.	*I am going to go to school by bike.*

La forme • *Fitness*

actif/active	*active*
Ça ne m'intéresse pas.	*That doesn't interest me.*
J'ai un problème.	*I have a problem.*
Je joue à des jeux vidéo.	*I play video games.*

Les mots essentiels • *High-frequency words*

à l'avenir	*in the future*
alors	*so*
c'est	*it is*
ce sont	*they are*
d'abord	*first*
deux fois par semaine	*twice a week*
en général	*in general*
en plus	*as well as that*
ensuite	*then*
finalement	*finally*
où	*where*
parce que	*because*
quand	*when*
tous les jours	*every day*
très	*very*
Voilà!	*That's that!/ Here you are!/ There you go!*

Stratégie 2

False friends

These are known as *faux amis* in French. You learnt about them in *Studio 2*. They are French words spelt the same as English words that mean something different. More of them crop up in *Studio 3*. Look at the word lists on these pages. What do these French words mean in English?

main	You should have two of these – of equal value.
foot	Your feet are involved in this activity.
front	Yours might be furrowed as you get to grips with *faux amis*.
bras	This has nothing to do with breasts!
pain	This doesn't hurt.

Module 3 À l'horizon

Eighty-six per cent of UK businesses think that it's an advantage for their employees to have learned a foreign language. Most international business courses now include languages as a compulsory part of their programme.

In 2010 in the European Union, there were 27 member states, 23 official languages and 500 million inhabitants, and the population gets bigger by the day.

How many countries can you name in Europe?

Did you know that only six per cent of the world's population speak English as their mother tongue?

Which other languages do you think it would be useful to learn?

You don't have to work in an office. You can be anything you want to be. If you worked in France, you could farm oysters, grow Christmas trees, draw ski-resort maps, make chocolates, design aeroplanes ... Or you could make a living working at a theme park such as Parc Astérix and dressing up as Astérix!

Vive les 35 heures!

In 2000, a law was introduced in France, saying that the working week should be no more than 35 hours long. The government introduced the law to improve people's work–life balance.

Just six per cent of French people consider their job to be perfect, while in the UK ten per cent of employees think their job is ideal. The French look for variety, opportunities to travel and some degree of responsibility in their work.

What are the three things that would make a job perfect for you?

France is very well known for its fashion houses. Dior, Hermès, Chanel and Yves Saint Laurent are four famous ones.

Do you know any other French fashion houses? Would you like to work in fashion?

France is a huge tourist destination and many people work in the tourism sector. Many people visit France for its wonderful food and wine.

Do you fancy becoming a chef or growing vines?

One interesting job in France is that of a fragrance designer. If you do this job in France, you are called *un nez*.

Why do think that is?

1 Écoute et lis. Qui parle? Écris le bon prénom. (1–6)

Exemple: **1** Latifa

Matthieu

Latifa

Salif

quitter le collège.

aller au lycée.

faire un apprentissage.

Je vais ...

Vincent

Chloë

Amélie

avoir un emploi bien payé.

travailler.

faire des études à la fac.

2 Lis les textes. Écris le bon prénom.

Salut! Je m'appelle Seb et j'ai quatorze ans.

> Dans deux ans, je vais quitter le collège et je vais faire un apprentissage.

Coucou! Je m'appelle Yasmine et j'ai quinze ans.

> Dans un an, je vais quitter le collège et je vais travailler.

Je m'appelle Hassan et j'ai quinze ans.

> Dans un an, je vais aller au lycée et dans trois ans, je vais faire des études à la fac.

Je m'appelle Éloïse et j'ai quatorze ans.

> Dans quatre ans, je vais quitter le lycée et je vais avoir un emploi bien payé.

> **à la fac** *at university*

Who ...

1 is going to study at university?
2 is going to do an apprenticeship?
3 is going to leave school and work?
4 is going to have a well-paid job?
5 is going to leave school in two years' time?
6 is going to go to sixth-form college in a year's time?

 *Beware of 'false friends' – these are words which look similar to an English word, but mean something different. For example, **travailler** means 'to work', not 'to travel'.*

Studio Grammaire *Page* 70

You use the near future tense to say what you are 'going to do': *aller* (to go) + the infinitive.

je vais   tu vas   il/elle/on va
*Elle **va faire** un apprentissage.*
She is going to do an apprenticeship.

3 Écoute et choisis les bons mots pour compléter chaque phrase.

1 Dans deux ans, Margaux **(a)** va aller au lycée **(b)** va aller à la fac.

2 Dans quatre ans, Margaux **(a)** va travailler **(b)** va faire des études à la fac.

3 Dans deux ans, Omar **(a)** va faire un apprentissage chez Renault **(b)** va faire un apprentissage chez Peugeot.

4 Dans quatre ans, Omar **(a)** va voyager **(b)** va avoir un emploi bien payé.

> In the listening task, Margaux and Omar used fillers to play for time.
>
> These are very useful when you are speaking if you can't immediately think of the word you need. Use at least three of these fillers when you do your next speaking task:
>
> **alors** – *so*
> **voyons** – *let's see*
> **euh** – *er*
> **je ne sais pas** – *I don't know*
> **ça dépend** – *it depends*

4 En tandem. Fais trois dialogues.

● *Qu'est-ce que tu vas faire plus tard?*

■ *Dans deux ans, je vais ... et dans quatre ans, je vais ...*

1

2 ans   4 ans

2

2 ans   4 ans

3

2 ans   4 ans

5 Copie et complète le texte.

Coucou! Je m'appelle Olivia. J'ai quatorze ans et je suis en troisième au collège.

Voici mes ambitions: dans deux ans, je vais **❶** ▬▬ le collège et je vais **❷** ▬▬ au lycée. Dans quatre ans, je vais **❸** ▬▬ des études à la fac et dans dix ans, je vais **❹** ▬▬ un emploi bien payé. Un jour, je vais avoir des enfants et peut-être même **❺** ▬▬ sur une île tropicale!

habiter   aller   faire

avoir   quitter

voici	here are
peut-être	perhaps
même	even
une île tropicale	a tropical island

6 Fais un sondage dans ta classe. Pose la question suivante à cinq personnes.

● *Qu'est-ce que tu vas faire à l'avenir?*

7 Imagine que tu es Pedro ou Lou-Anne. Écris un paragraphe pour décrire ton avenir.

Je m'appelle ...
J'ai ... ans.
Voici mes ambitions: dans deux ans, ...
Dans quatre ans, ...
Un jour, ...

Pedro – 14
In 2 years: go to sixth-form college
In 4 years: do an apprenticeship
One day: have a well-paid job

Lou-Anne – 13
In 2 years: leave secondary school
In 4 years: study
One day: live on a tropical island

Écoute et écris la bonne lettre. (1–6)

a voyager.

travailler dans un autre pays.

c habiter à l'étranger.

d communiquer avec les jeunes de son âge.

Avec les langues, on peut ...

e comprendre les gens.

f regarder la télévision ou écouter de la musique dans une autre langue.

Trouve les expressions en français dans l'exercice 1.

1 live abroad
2 work in another country
3 understand people
4 watch TV or listen to music in another language
5 communicate with young people of your own age
6 travel

Studio Grammaire

Modal verbs are always followed by the infinitive.

pouvoir (to be able to)

On peut voyager.   You can travel.

Lis les opinions et écris le bon prénom.

À mon avis, parler une autre langue, c'est un plus, parce qu'avec les langues, on peut habiter à l'étranger.

Géraldine

À mon avis, parler une autre langue, c'est important, parce qu'avec les langues, on peut travailler dans un autre pays.

David

À mon avis, parler une autre langue, c'est un avantage, parce qu'avec les langues, on peut communiquer avec les jeunes de son âge.

Amira

Who thinks that ...

1 speaking another language is important?
2 languages help communication?
3 speaking another language is a bonus?
4 if you speak another language, you can live abroad?
5 languages can lead to a job in another country?
6 speaking another language is an advantage?

un avantage	an advantage
un plus	a bonus

When you are speaking or writing:
• give your opinion: **À mon avis, ...**
• give reasons: **... parce qu'avec les langues, on peut voyager.**

4 Écoute. Complète les phrases en anglais. (1–6)

1 Nadège thinks that speaking a language is ▮▮.
2 She believes that, with languages, you can ▮▮ and ▮▮ or ▮▮.
3 Rachid thinks that learning languages is ▮▮.
4 He thinks that, with languages, you can ▮▮ and ▮▮.
5 Loïc thinks that learning languages is ▮▮.
6 He thinks that, with languages, you can ▮▮ and even ▮▮.

5 En tandem. Jette le dé pour faire des phrases.

Exemple:

● *À mon avis, parler une autre langue, c'est un avantage/c'est un plus/c'est important.*

▮ *parce qu'avec les langues, on peut…*

communiquer avec les jeunes de son âge.

6 Lis le texte. Corrige les erreurs dans les phrases.

1 Declan Mullen est anglais.
2 Declan travaille en Italie.
3 Declan est moniteur de VTT.
4 Declan est impatient.
5 Declan parle espagnol tous les jours.
6 Declan déteste communiquer en français.

Declan Mullen a 25 ans. Il habite à Val Thorens, en France, où il travaille comme moniteur de ski.

Declan est irlandais et il parle anglais, français et italien. Il a une petite amie italienne, qui s'appelle Rossella.

Declan est très patient avec ses élèves. Il aime beaucoup travailler avec les enfants et il aime bien habiter en France.

«Je parle français tous les jours» dit-il. «Je regarde la télé, je parle avec mes collègues et j'écoute de la musique française. J'aime communiquer en français!»

Dans deux ans, Declan va faire un stage au Canada. «Ça va être cool!» dit-il.

7 Fais un poster pour encourager l'apprentissage des langues. Utilise les mots à droite.

Design a poster to encourage people to learn languages. Use the words on the right.

parler que comprendre avantage plus jeunes peut étranger parce écouter regarder important gens langue travailler musique voyager télévision avis âge communiquer habiter autre avec langues pays

Du matin au soir

- Talking about your job
- More practice with common irregular verbs

1 Lis le texte et complète les phrases en anglais.

Salut! Je m'appelle Salim et je suis journaliste.
Je fais des reportages pour la télé et j'adore ça.
Le matin, je vais au travail et mon chef me donne un sujet.
D'abord, je fais quelques recherches.
Puis je prends ma caméra et mon micro et je vais en ville
où j'interviewe et je filme les gens.
L'après-midi, j'assemble les images.
Ensuite, j'écris mon texte, et voilà, terminé!
J'aime beaucoup mon job, c'est top.

le travail	work
mon chef	my boss
un sujet	a subject
où	where

1 Salim creates reports for ▮▮▮ .
2 In the morning, his boss gives him ▮▮▮ .
3 He does some research, then goes off with his ▮▮▮ and his ▮▮▮ .
4 In town, he interviews and ▮▮▮ people.
5 In the afternoon, he puts ▮▮▮ together.
6 Then he writes ▮▮▮ .

2 Copie et complète les expressions. Trouve les expressions dans le texte de l'exercice 1.

1 le _a_i_   in the morning
2 d'_b_r_   first
3 e_s_i_e   next
4 l'_pr_s-_i_i   in the afternoon
5 _ui_   then

Studio Grammaire  Page 70

These are three very common irregular verbs. Learn them by heart.

je fais	I do/make
je prends	I take
je vais	I go

 Use sequencers to make your texts more interesting. Try to use all five sequencers from exercise 2 in your next piece of written work.

3 Mets le texte dans le bon ordre.

Exemple: c, ...

a D'abord, je fais la mise en place des tables.

b L'après-midi, je range les tables et je fais la vaisselle.

c Salut! Je m'appelle Hamid et je suis serveur dans un restaurant.

d Puis les clients arrivent. Je prends les commandes et j'apporte les plats.

e Le matin, je vais au travail.

f Ensuite, je fais la mise en place des tables pour le service du soir.

4 Écoute et vérifie tes réponses.

5 Écoute et écris la bonne lettre. (1–5)

J'aime mon job parce que c'est ...

a    créatif.

b    varié.

c    stimulant.

d   motivant.

e    intéressant.

6 Traduis les phrases en français.

Exemple: **1** Je n'aime pas mon job parce que ce n'est pas motivant.

1 I don't like my job because it's not motivating.
2 I don't like my job because it's not stimulating.
3 I don't like my job because it's not creative.
4 I don't like my job because it's not varied.
5 I don't like my job because it's not interesting.

Studio Grammaire
» Page 49

If you want to make a verb negative, use *ne ... pas.*

Je n'aime pas mon job parce que ce n'est pas intéressant.

I don't like my job because it isn't interesting.

7 En tandem. Fais cinq conversations.

Exemple: **1**

● *Tu aimes ton travail?*

■ *Oui, j'aime mon travail parce que c'est intéressant.*

1   **2**    **3**   **4**    **5**

8 Lis le texte. C'est vrai (V) ou faux (F)?

Arthur: 24 ans, pâtissier

Salut! Je m'appelle Arthur et je suis pâtissier. Je fais des gâteaux tous les jours et j'adore ça. Le matin, je vais au travail très tôt. D'abord, je fais des tartelettes.

Puis je prends mes éclairs et je vais dans le magasin où je vends mes gâteaux. L'après-midi, je me repose. Le soir, je prépare la pâte pour le lendemain, et voilà, terminé!

J'aime beaucoup mon job, parce que c'est créatif et c'est varié.

1 Arthur est mécanicien.
2 Arthur fait des gâteaux.
3 Il vend ses tartes au marché.
4 L'après-midi, il ne travaille pas.
5 Arthur n'aime pas son job.

tous les jours	every day
très tôt	very early
le lendemain	the next day

9 Choisis un job. Écris un paragraphe.

Salut! Je m'appelle ... et je suis ...

Le matin, je ...   D'abord, je ...   Puis je ...

L'après-midi, je ...   Ensuite, je ...

J'aime beaucoup mon job parce que c'est ...

1 Écoute et lis.

Vincent – 27 ans

Qu'est-ce que tu fais comme travail, Vincent?
Je suis game designer à Paris.

Quelles sont tes responsabilités?
Moi, je crée des jeux vidéo. J'invente les règles, les personnages et l'univers où les personnages habitent.

Tu travailles seul ou avec d'autres personnes?
Quelquefois, je travaille seul, mais quelquefois, je travaille en équipe avec les programmeurs ou les animateurs.

Est-ce que tu aimes ton boulot?
Ah oui, j'adore ça! C'est motivant et créatif. À mon avis, j'ai l'emploi idéal.

les règles	rules
les personnages	characters
où	where
seul(e)	alone
le boulot	job

2 Copie et remplis la fiche pour Vincent.

Name: ....
Job: ....
Responsibilities/Tasks: ....
Works alone/with others: ....
Opinion of job: ....

Studio Grammaire

≫ Page **71**

To ask questions, you can:
- make your voice go up at the end:

  Tu travailles seul?
  Do you work alone?

- use *Est-ce que ...*
  ***Est-ce que** tu travailles seul?*   Do you work alone?

- use question words:
  ***Qu'est-ce que** tu fais comme travail?*   What work do you do?

  ***Quelles** sont tes responsabilités?*   What are your responsibilities?

3 Écoute et choisis le bon mot pour compléter chaque phrase.

1 Christine achète **(a)** des vêtements **(b)** des saucisses.
2 Elle doit trouver des choses **(a)** à la mode **(b)** chers.
3 Elle travaille **(a)** avec beaucoup de personnes **(b)** seule.
4 Elle aime beaucoup son boulot parce que c'est très **(a)** créatif **(b)** varié.

acheteur/euse habillement	clothes buyer
choses	things

Christine

4 Écris correctement les questions.

1 que tu Qu'est-ce travail comme fais ?
2 responsabilités Quelles tes sont ?
3 avec ou travailles seul(e) personnes d'autres Tu ?
4 que tu ton Est-ce aimes boulot ?

5 **En tandem. Fais deux interviews. Une personne pose les questions, l'autre répond.**

- *Qu'est-ce que tu fais comme travail?*
- *Quelles sont tes responsabilités?*

- *Tu travailles seul(e) ou avec d'autres personnes?*
- *Est-ce que tu aimes ton boulot?*

A

nom: Coralie

boulot: trader

responsabilités: travaille pour une banque, contacte des clients

travaille seul(e) ou en équipe?: seule

❤ ?: ✔ stimulant

B

nom: Joseph

boulot: chauffeur de camion

responsabilités: transporte des articles

travaille seul(e) ou en équipe?: seul

❤ ?: ✗ varié

6 **Lis le texte. Copie et complète les phrases en anglais.**

Je m'appelle Éva, et je suis designer de chaussures.

À mon avis, j'ai l'emploi idéal, parce que je suis payée pour dessiner et j'adore ça!

Je dessine des baskets. Je choisis les matériaux et les couleurs et j'organise la fabrication.

Normalement, je travaille seule sur l'ordinateur, mais je travaille aussi en équipe.

J'aime beaucoup mon boulot parce que c'est créatif et motivant, et c'est aussi très varié.

1 Éva works as a ▇▇ .
2 She chooses the materials and ▇▇ .
3 Normally, she works ▇▇ , but she works ▇▇ too.
4 She likes her job because ▇▇ .

7 **Écris une interview avec Éric ou Marie-Aude. Utilise les questions de l'exercice 5.**

nom: Éric

boulot: contrôleur aérien

responsabilités: contrôle le trafic aérien, organise la circulation

travaille seul(e) ou en équipe?: en équipe

❤ ?: ✔ très varié

nom: Marie-Aude

boulot: secrétaire médicale

responsabilités: répond au téléphone, organise les rendez-vous

travaille seul(e) ou en équipe?: seule

❤ ?: ✗ intéressant

Add variety to your written work:
- *use connectives:* **et, mais, aussi**
- *use expressions of frequency:* **quelquefois**
- *use intensifiers:* **beaucoup, très**
- *give opinions and reasons:* **À mon avis, c'est …**
  J'aime mon job parce que c'est …

Mes ambitions

○ Talking about your ambitions

○ Using masculine and feminine nouns

1 Écoute et écris la bonne lettre. (1–8)

Je voudrais être …

a directeur/directrice de magasin.

b webdesigner.

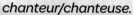
c vétérinaire.

d chanteur/chanteuse.

e acteur/actrice.

f ingénieur/ingénieure.

g guide touristique.

h pilote.

2 Pose la question à dix personnes dans la classe. Note les réponses

● *Qu'est-ce que tu voudrais faire plus tard?*

■ *Je voudrais être …*

3 Écoute. Copie et complète le tableau en anglais. (1–4)

	job suggested	job preferred
1		

4 En tandem. Fais quatre dialogues.

Exemple: **1**

● *Tu voudrais être <u>webdesigner</u>?*

■ *<u>Non, merci!</u> Je voudrais être <u>pilote</u>.*

1  ?

2  ?

3  ?

4  ?

Studio Grammaire

In French, all nouns are masculine or feminine.

Some jobs change to show gender:

Il voudrait être **directeur** *de magasin.*

Elle voudrait être **directrice** *de magasin.*

When you are saying what you would like to do, you don't need the word for 'a':

Je voudrais être pilote.   I would like to be a pilot.

Add reactions and opinions to give variety to your answers.

Non, merci!

C'est ennuyeux!

Ça ne m'intéresse pas!

Jamais de la vie!

 Écoute et écris les bonnes lettres. (1–4)

a game designer

b trader

c chauffeur de taxi

d réceptionniste

e À mon avis, ce serait génial.

f À mon avis, ce serait intéressant.

g À mon avis, ce serait cool.

h À mon avis, ce serait stimulant.

> *Ce serait ...   It would be ...*

 En tandem. Commente les jobs contre la montre.

In pairs. Make a positive or negative comment on the jobs. Time yourselves!

Exemple:

● *Je voudrais être webdesigner. À mon avis, ce serait génial.*

webdesigner   designer de chaussures

guide touristique   pâtissier

footballeur   contrôleur aérien

À mon avis, ce serait ...

:)	:(
génial.	nul.
intéressant.	ennuyeux.
cool.	fatigant.
stimulant.	

 Lis les textes. Copie et complète le tableau en anglais.

Qu'est-ce que tu voudrais faire plus tard?

 J'adore le multimédia et surfer sur Internet, alors plus tard dans la vie, je voudrais être webdesigner. À mon avis, ce serait cool. **Inès**

 J'aime beaucoup voyager et parler d'autres langues, alors plus tard dans la vie, je voudrais être guide touristique. À mon avis, ce serait intéressant. **Albane**

 Moi, j'adore les animaux, alors plus tard dans la vie, je voudrais être vétérinaire. À mon avis, ce serait motivant. **Dimitri**

 J'aime les enfants, alors plus tard dans la vie, je voudrais être professeur. À mon avis, ce serait stimulant. **Yann**

 Moi, j'aime beaucoup les films et le théâtre, alors plus tard dans la vie, je voudrais être actrice. À mon avis, ce serait top. **Clarisse**

name	likes	would like to be ...	thinks it would be ...

 Écris un paragraphe sur un job que tu voudrais faire à l'avenir.

Write a paragraph about a job you would like to do in the future.

> J'aime beaucoup ...
>
> Alors plus tard dans la vie, je voudrais être ...
>
> À mon avis, ce serait ...
>
> Je ne voudrais pas être ...
>
> Non, merci!
>
> À mon avis, ce serait ...

Bilan

Unité 1

I can

- ● talk about my future: *Dans deux ans, je vais quitter le collège.*
- ● ask someone about their future plans: *Qu'est-ce que tu vas faire plus tard?*
- ● use fillers when I am talking: *alors ... voyons ... euh ...*
- ☐ use the near future tense: *Je vais faire un apprentissage.*

Unité 2

I can

- ● give my opinion of language learning: *À mon avis, parler une autre langue, c'est ...*
- ● say why languages are important: *parce qu'on peut voyager*
- ☐ use *on peut*: *On peut travailler dans un autre pays.*

Unité 3

I can

- ● describe someone's typical day at work: *Le matin, je vais au travail.*
  D'abord, je fais la mise en place des tables.
  Puis les clients arrivent ...
- ● give reasons why I like a certain job: *J'aime mon job parce que c'est créatif.*
- ● use sequencers: *L'après-midi, j'assemble les images.*
  Ensuite, j'écris mon texte, et voilà, terminé!
- ☐ use common irregular verbs in the present tense: *je fais, je prends, je vais*
- ☐ use *ne ... pas*: *Je n'aime pas mon job parce que ...*

Unité 4

I can

- ● say what my responsibilities are at work: *Je crée des jeux vidéo. J'invente les règles.*
- ● say whether I work alone or in a team: *Quelquefois, je travaille seul(e), mais souvent, je travaille en équipe.*
- ● give opinions and reasons: *À mon avis, j'ai l'emploi idéal.*
  J'adore ça! C'est motivant et créatif.
- ☐ ask questions in different ways: *Qu'est-ce que tu fais comme travail?*
  Tu aimes ton job?

Unité 5

I can

- ● name different jobs: *webdesigner, guide touristique*
- ● say what I would like to be: *Je voudrais être pilote.*
- ☐ use *ce serait* to say what it would be like: *Ce serait top!*
- ☐ use masculine and feminine nouns: *chanteur/chanteuse*

Écoute. C'est vrai (V) ou faux (F)?

1 Monique works in television.
2 Monique talks with her colleagues each morning.
3 Every morning, she does a tour of the offices.
4 In the afternoon, she has meetings.
5 She dislikes her job intensely.

En tandem. Prépare des réponses aux questions.

● *Qu'est-ce que tu vas faire dans deux ans?*

● *Qu'est-ce que tu vas faire dans quatre ans?*

UNIVERSITÉ

● *À ton avis, parler une autre langue, c'est important?*

● *Qu'est-ce que tu voudrais faire plus tard dans la vie?*

Fais correspondre les questions et les réponses.

1 Qu'est-ce que tu fais comme travail?
2 Quelles sont tes responsabilités?
3 Tu travailles seul(e) ou avec d'autres personnes?
4 Est-ce que tu aimes ton boulot?

a Moi, je répare des voitures et des motos.
b Quelquefois, je travaille seul(e), mais souvent, je travaille en équipe.
c Ah oui, j'adore ça! Les voitures, c'est ma passion. À mon avis, j'ai l'emploi idéal.
d Je suis mécanicien à Toulouse.

Tu es Jamel. Décris tes projets d'avenir en français.

You're 14.
In two years, you'll go to sixth-form college.
In five years, you'll leave school and go to university.
You like travelling, so later, you'd like to be a tourist guide.
One day, you'd like to live on a tropical island.

Je m'appelle ...
J'ai ... ans.
Voici mes ambitions: dans deux ans, je vais ...
Dans cinq ans, je vais ...
J'aime ...
Alors un jour, je voudrais être ...
Un jour, je voudrais ...

Écoute et lis.

Devenir une mascotte

Pour être une mascotte, il faut être imaginatif et créatif, acrobatique et athlétique et surtout, avoir le sens de l'humour! Il faut aussi être un bon danseur.

On doit aussi être en forme. C'est très important parce que quelquefois, il fait très chaud à l'intérieur du costume!

Je m'entraîne tous les jours. J'ai une routine précise.

Voici une journée typique:

Je me lève.

Je prends mon petit déjeuner.

Je fais de l'exercice.

L'après-midi, je ne travaille pas.

Le soir, je me prépare.

J'arrive deux heures avant le spectacle et je me change.

Pendant le spectacle, je bois beaucoup d'eau. C'est essentiel.

J'aime beaucoup mon job parce que c'est varié et amusant. Je fais des sketches et des cascades et j'adore ça. Être devant beaucoup de personnes, c'est aussi très motivant.

Un jour, je vais aller aux Jeux olympiques où je voudrais être mascotte pour l'équipe canadienne. C'est mon rêve!

Pierre

une mascotte	a mascot
avant	before
le spectacle	the show
pendant	during
des cascades	stunts
devant	in front of
C'est mon rêve!	It's my dream!

Relis le texte et réponds aux questions en anglais.

1 Which six qualities must you have to be a mascot?
2 Why do you have to be fit to be a mascot?
3 What does Pierre do after breakfast?
4 What does he do in the afternoon?
5 What does Pierre make sure he does during the show?
6 Why does he like his job?
7 What does he say about performing in front of lots of people?
8 What is Pierre's dream?

You can use different techniques to help you understand more complex texts.
- Use your knowledge of English to help you.
- Use the English questions.
- Use common sense.

Don't get bogged down by one word, move on and try to make sense of the whole passage.

Trouve les expressions en français dans le texte.

1 You have to be fit, too.
2 Here's a typical day.
3 I exercise.
4 I do sketches and stunts and I love it.
5 One day, I am going to go to the Olympic Games

 Lis le texte en français et complète le texte en anglais.

L'Académie Junior du Puy du Fou

En 1998, le Puy du Fou a créé une école de formation qui forme les futurs cadres, artistes et techniciens du Puy du Fou.

En 2011, plus de 400 jeunes Puyfolais se sont inscrits au programme.

Ouverte de début octobre à mi-avril, l'Académie Junior du Puy du Fou offre l'opportunité d'étudier: les costumes, le théâtre, la danse, le design, l'éclairage, les décors et les accessoires, l'équitation, la voltige équestre, la photographie, la vidéo, la technique du spectacle, le travail avec les animaux, le flamenco …

Et cela, pour des frais d'inscription de 32 euros par an!

In 1998, the Puy du Fou created a training **1** ▪▪▪ which trains future executives, **2** ▪▪▪ and technicians for the Puy du Fou. In 2011, more than 400 young 'Puyfolais' signed up for the programme.

Open from the **3** ▪▪▪ of October to mid April, the Puy du Fou junior academy offers **4** ▪▪▪ to study costumes, drama, **5** ▪▪▪, design, lighting, props and scenery, **6** ▪▪▪, equestrian acrobatics, photography, filming, production, working with **7** ▪▪▪, flamenco…
All for a **8** ▪▪▪ of 32 euros per year!

 Écoute Mélody. Choisis les bons mots pour compléter chaque phrase.

Mélody est actrice dans le spectacle *Les Vikings* au Puy du Fou.

1 Dans le spectacle, Mélody **(a)** habite dans le village **(b)** est Viking.
2 Mélody s'entraîne **(a)** tous les jours **(b)** tous les weekends pour son rôle.
3 Après le petit déjeuner, elle **(a)** fait de l'exercice **(b)** se change pour le spectacle.
4 Elle aime beaucoup son job parce que c'est **(a)** drôle **(b)** varié.
5 Un jour, elle va jouer le rôle de **(a)** Jeanne de Lorraine **(b)** Marguerite dans le spectacle *Le Secret de la Lance*.

*For number 4, you won't hear **drôle** or **varié**. You'll hear a word that means the same as one of them! To answer the question, listen for that word and decide whether it means 'funny' or 'varied'.*

 Copie et complète le texte.

Je m'appelle Mathias. Je suis cavalier dans le spectacle *Le Secret de la Lance* au Puy du Fou. Voici ma **1** ▪▪▪ typique. D'abord, je me lève et je prends mon **2** ▪▪▪.
Je m'entraîne tous les jours, je fais **3** ▪▪▪ et de la musculation. Le matin, on répète et puis **4** ▪▪▪ et le soir, il y a deux représentations du spectacle.
Pour travailler au Puy du Fou, il faut **5** ▪▪▪ en forme et motivé.
Moi, j'aime beaucoup mon job **6** ▪▪▪ c'est amusant et varié.
Mon rêve, c'est de jouer le **7** ▪▪▪ de l'empereur romain dans le spectacle *Le Signe du Triomphe*. Ce serait **8** ▪▪▪!

rôle	parce que
l'après-midi	génial
petit déjeuner	être
journée	du footing

Je parle

Your challenge!

It's my dream job!

You are a well-known actor/journalist/singer/footballer/vet.
(Choose one of these jobs or add your own choice.)

You are preparing for a podcast about a typical day in your job and your ambitions for the future. The interviewer has sent you the questions so you can prepare your answers in advance:

- What kind of work do you do?
- What is your typical day like?
- Do you work alone or in a team?
- Do you like your job?
- What are you going to do later on?

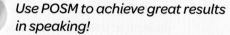

Use POSM to achieve great results in speaking!

Plan: Get your ideas down on paper.

Organise your ideas: What will you start with? What next? How will you finish?

Select: Choose the words and phrases you will need. Include some 'fancy French'.

Memorise: Rehearse what you are going to say and memorise it.

1 These are the questions you will be asked. Find the English equivalents of these questions in the 'Your challenge!' box.

1 Qu'est-ce que tu vas faire plus tard?
2 Tu travailles seul(e) ou en équipe?
3 Quelle est ta journée typique?
4 Tu aimes ton job?
5 Qu'est-ce que tu fais comme travail?

2 Find ten jobs in this word snake. Think of the job you are going to say you do.

secrétairemédicalecontrôleuraériendesignerdechaussurespâtissierjournalistevétérinaireingénieurguidetouristiquepiloteacteur

3 Listen to the sentences. Which person (a, b or c) would say each sentence? (1–9)

a
un journaliste

b
une secrétaire

c
un serveur

1 Je fais des reportages.
2 Je prends les commandes et j'apporte les plats.
3 Je fais des recherches.
4 Je fais la mise en place des tables.
5 Je contacte des clients.
6 Je prends ma caméra.
7 Je réponds au téléphone.
8 Je range les tables et je fais la vaisselle.
9 J'organise les rendez-vous.

4 Unjumble these sequencers. Choose three to use in your podcast.

el tainm (in the morning)
d'droab (first)

l'aèspr-dimi (in the afternoon)
suip (then)

tesnuei (next)

5 **Make a list of six things you do in a typical day in your job.**

Example:

1 Je me lève tôt.

2 Je m'entraîne.

> It is very important to go from what you know. Do not try to say things that are too difficult. For example, a stuntman or woman would need to have a good breakfast. Can you remember how to say what you have for breakfast? He or she would eat healthily all day. What details could you include here? Use reference materials to help you make your answer as personal as possible.

6 **Note down five more adjectives you could use to describe a great job.**

super   génial   intéressant

7 **Match up the English to the French.**

1 Plus tard, je vais habiter à l'étranger.

2 Plus tard, je vais travailler dans un autre pays.

3 Plus tard, je vais voyager.

4 Plus tard, je vais avoir des enfants.

5 Plus tard, je vais gagner beaucoup d'argent.

a In the future, I am going to earn lots of money.

b In the future, I am going to work in another country.

c In the future, I am going to have children.

d In the future, I am going to live abroad.

e In the future, I am going to travel.

8 **Read the interview and choose the correct verbs.**

Qu'est-ce que tu ❶ fais/travailles dans la vie?

Je suis mécanicien.

Quelle est ta journée typique?

D'abord, je me lève.

Puis je ❷ fais/vais au garage où je répare des voitures.

Le matin, je travaille au garage et l'après-midi, je ❸ travaille/danse au bureau. Je réponds au téléphone et je ❹ répare/contacte des clients.

Tu travailles seul ou en équipe?

Normalement, je ❺ travaille/veux seul.

Tu aimes ton job?

Oui, j'aime beaucoup mon job parce que c'est ❻ varié/ennuyeux.

Qu'est-ce que tu vas faire plus tard?

Je ne ❼ vais/prends pas voyager, ça ne m'intéresse pas. ❽ J'adore/Je déteste mon job. C'est top.

9 **Write out in full what you are going to say for the job challenge. Check that what you have written is accurate and makes sense.**

> Write your answer out in full first, but then try to reduce this to key headings with prompt words so that you are able to present your talk more naturally.
>
> Keep your full version on hand when you are practising, to refer back to.
>
> The more you practise, the less you will have to look at it.
>
> Good luck!

10 **Now memorise your podcast and rehearse it!**

Studio Grammaire

The near future tense

To talk about the future, use the near future tense: *aller* + the infinitive (going to).

Je vais	*travailler.*	I am going to work.
Tu vas	*faire un apprentissage.*	You are going to do an apprenticeship.
Il/Elle va	*voyager.*	He/She is going to travel.
On va	*aller à la piscine.*	We are going to go to the swimming pool.

1 Use the table to help you translate these sentences into French.

1 I am going to have a well-paid job.
2 She is going to work.
3 You are going to do an apprenticeship.
4 We are going to travel.
5 He is going to go to sixth-form college.
6 I am going to study at university.

je vais *tu vas* *il va* *elle va* *on va*	*aller au lycée* *avoir un emploi bien payé* *faire un apprentissage* *faire des études à la fac* *travailler* *voyager*

2 Decode these sentences in the near future tense. Then translate the sentences into English.

1 .regayov siav ej ,ruoj nU
2 .regnarté'l à retibah siav ej ,ruoj nU
3 .syap ertua nu snad relliavart siav ej ,ruoj nU
4 .stnafne sed riova siav ej ,ruoj nU
5 .tnegra'd puocuaeb rengag siav ej ,ruoj nU

Some common irregular verbs

These are three very common irregular verbs. Learn them by heart.

je fais	I do/make	*je prends*	I take	*je vais*	I go
tu fais	you do/make	*tu prends*	you take	*tu vas*	you go
il/elle fait	he/she does/makes	*il/elle prend*	he/she takes	*il/elle va*	he/she goes
on fait	we do/make	*on prend*	we take	*on va*	we go

3 Write the verbs in brackets in the correct form.

1 *Je (aller) au collège.*
2 *Tu (prendre) des cours d'arts martiaux?*
3 *Il (faire) du ski.*
4 *Elle (faire) des recherches.*
5 *On (aller) en ville.*
6 *Tu (faire) beaucoup de sport.*

4 Copy the text and fill in the gaps.

En hiver, je (1) ___ du snowboard tous les jours. Je (2) ___ au centre de ski à pied. Je (3) ___ le téléphérique et puis je fais deux heures d'entraînement en montagne. C'est passionnant! Quelquefois, ma sœur m'accompagne. Elle (4) ___ des cours avec mon copain Vincent. C'est un expert. Il (5) ___ du snowboard depuis l'âge de quatre ans!

le téléphérique *cable car*

fait *vais* *prend* *prends* *fais*

Asking questions

To ask questions, you can:
- make your voice go up at the end:
  Tu travailles seul(e) ou avec d'autres personnes? ↗ Do you work alone or with others? ↗
- use *est-ce que*:
  Est-ce que tu aimes ton travail? Do you like your work?

5 Unjumble the questions so that they make sense.
1 *fais sport est-ce tu que du?*
2 *est-ce sain que tu manges?*
3 *pied vas à tu collège que est-ce au?*
4 *tu d'arts prends est-ce martiaux que cours des?*
5 *l'étranger est-ce habites à que tu?*

6 Rewrite the questions so that they all begin with *Est-ce que ... ?*
1 *Tu aimes ton job?*
2 *Tu travailles seule?*
3 *Tu travailles en équipe?*
4 *Tu as un ordinateur dans ta chambre?*
5 *Tu fais des quiz sur Facebook?*

je fais or *je voudrais faire*?

Use the **present tense** to say what you are doing or normally do.
Je prends mon petit déjeuner. I'm having my breakfast.
Je fais des recherches. I do research.
Use *je voudrais* + an infinitive to say what you would like to do.
Je voudrais jouer le rôle de ... I would like to play the role of ...

7 Match up the sentences and the pictures. Translate the sentences into English.
1 *Je suis professeur, mais je voudrais être actrice.*
2 *Je fais des recherches, mais je voudrais faire des gâteaux!*
3 *Je travaille seul, mais je voudrais travailler en équipe.*

a  b  c

8 Fill in the gaps using the verbs on the right. Choose the present tense or *je voudrais* + infinitive.
1 ▩ *au collège, mais* ▩ *en ville.*
2 ▩ *français, mais* ▩ *espagnol.*
3 ▩ *les rendez-vous, mais* ▩ *des concerts.*
4 ▩ *en France, mais* ▩ *dans un autre pays.*
5 ▩ *un apprentissage chez Peugeot, mais* ▩ *un apprentissage chez Mercedes.*

je fais | *j'organise* | *je voudrais parler*
je vais | *je voudrais travailler*
je voudrais organiser | *je voudrais aller*
je parle | *je voudrais faire* | *je travaille*

Vocabulaire

Mon avenir • *My future*

Dans deux/quatre ans, ...	*In two/four years ...*
Un jour, ...	*One day, ...*
Je vais ...	*I am going to ...*
aller au lycée	*go to sixth-form college*
avoir un emploi bien payé	*have a well-paid job*
faire un apprentissage	*do an apprenticeship*
faire des études à la fac	*study at university*
quitter le collège	*leave secondary school*
travailler	*work*
voyager	*travel*

Parler une autre langue • *Speaking another language*

Avec les langues, on peut ...	*With languages, you can ...*
comprendre les gens	*understand people*
habiter à l'étranger	*live abroad*
travailler dans un autre pays	*work in another country*
communiquer avec les jeunes de son âge	*communicate with young people your own age*
regarder la télévision	*watch television*
écouter de la musique	*listen to music*
dans une autre langue	*in another language*
À mon avis, parler une autre langue, c'est ...	*In my opinion, speaking another language is ...*
un avantage	*an advantage*
important	*important*
un plus	*a bonus*
parce que ...	*because ...*

Travailler • *Working*

le boulot	*job (informal)*
l'emploi	*job (more formal)*
le travail	*work*
le job	*job*

Du matin au soir • *From morning till night*

d'abord	*first*
ensuite	*next*
l'après-midi	*in the afternoon*
le lendemain	*the next day*
le matin	*in the morning*
puis	*then*
tous les jours	*every day*
très tôt	*very early*

J'aime mon job parce que c'est ... • *I like my job because it's ...*

créatif	*creative*
intéressant	*interesting*
motivant	*motivating*
stimulant	*stimulating*
varié	*varied*

Mon boulot • *My job*

Qu'est-ce que tu fais comme travail?	*What kind of work do you do?*
Quelles sont tes responsabilités?	*What are your responsibilities?*
Tu travailles seul(e) ou avec d'autres personnes?	*Do you work alone or with other people?*
Est-ce que tu aimes ton boulot?	*Do you like your job?*
acheter	*to buy*
contacter	*to contact*
créer	*to create*
inventer	*to invent*
organiser	*to organise*
répondre au téléphone	*to answer the telephone*
travailler en équipe	*to work in a team*
trouver	*to find*

Mes ambitions • *My ambitions*

Qu'est-ce que tu voudrais faire plus tard?	*What would you like to do later on?*
Je voudrais être ...	*I would like to be a(n) ...*
acteur/actrice	*actor*
chanteur/chanteuse	*singer*
chauffeur de taxi/camion	*taxi/lorry driver*
contrôleur aérien	*air-traffic controller*
designer de chaussures	*shoe designer*
directeur/directrice de magasin	*store manager*
footballeur	*footballer*
guide touristique	*tourist guide*
ingénieur	*engineer*
journaliste	*journalist*
pâtissier/pâtissière	*pastry chef*
pilote	*pilot*
professeur	*teacher*
réceptionniste	*receptionist*
serveur/serveuse	*waiter/waitress*
secrétaire	*secretary*
vétérinaire	*vel*
webdesigner	*web designer*

Les opinions • *Opinions*

Ce serait ...	*It would be ...*
cool/ennuyeux	*cool/boring*
génial/intéressant	*great/interesting*
Ça ne m'intéresse pas.	*That doesn't interest me.*
Non, merci!	*No thanks.*
Jamais de la vie!	*No way!*

Les mots essentiels • *High-frequency words*

alors	*so*
ça dépend	*it depends*
comme	*as*
je ne sais pas	*I don't know*
même	*even*
où	*where*
parce que	*because*
voyons	*let's see*
je prends	*I take*
je vais	*I go*
je fais	*I do/make*

Stratégie 3

Checking your work

Here are the most important things to check when you've written a piece of French. It doesn't take much effort to make sure you write better French and get better marks.

Spelling	If you're not sure of a word, look it up again.
Gender	*Le* or *la*? A dictionary will tell you: *m* (for masculine) or *f* (for feminine).
Tense	Check that you have written: • the correct ending on the verb • *avoir/être* + past participle for the past • *aller* + infinitive for what you're going to do.
Agreements	Make sure you make adjectives 'agree': usually there's a different ending for feminine and plural adjectives.
Accents	They change the way you pronounce a word, but can also change the meaning: *aime* or *aimé*, *arrive* or *arrivé*?

Module 4 Spécial vacances

If you fancy staying somewhere a bit different for your holidays, France is the place to go. You can stay in a tree house, a teepee, a house on top of a chimney and even a human-sized hamster house, with a giant running wheel and a cage up by the ceiling that you can sleep in!

Which of these would you choose as your holiday accommodation?

Le Village Amérindien, in Brûlon

La Villa Cheminée, near Nantes

Tree houses at *le Domaine des Ormes*, in Brittany

La Villa Hamster, in Nantes

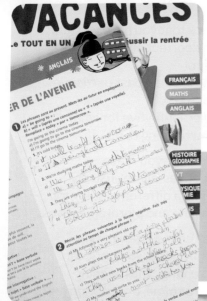

Cahiers de vacances (literally, 'holiday exercise books') are very popular in France. They are workbooks to help you catch up or get ahead with your studies over the school holidays. You can buy them in most newsagents and bookshops.

Most French people take their holidays in August – and most of them head for the west or the south of France, resulting in huge queues on the roads.

You often see signs like this one in French shops and restaurants in August.

What do you think it means?

FERMÉ POUR LES VACANCES

You can take some amazing holiday photos in France!

Here's a street entertainer in La Rochelle.

Question de vacances

- Discussing holidays
- Asking questions using question words

1 Écoute et note les bonnes lettres pour chaque personne. (1–4)

Exemple: **1** c, e, …

Où passes-tu tes vacances?

 **a**
au bord de la mer

 **b**
à la campagne

 c
à la montagne

 **d**
en colo

Avec qui vas-tu en vacances?

 e
avec ma famille

 **f**
avec mes parents

 **g**
avec mes copains

Combien de temps restes-tu en vacances?

 h
une semaine

 i
quinze jours

 j
dix jours

Que fais-tu quand tu vas en vacances?

 **k**
Je fais du canoë-kayak.

 l
Je fais du ski.

 **m**
Je fais du VTT.

 **n**
Je fais de la voile.

2 Trouve la bonne réponse à chaque question.

1 Où passes-tu tes vacances?
2 Avec qui vas-tu en vacances?
3 Combien de temps restes-tu en vacances?
4 Que fais-tu quand tu vas en vacances?

a Je reste quinze jours.
b Normalement, je passe mes vacances au bord de la mer.
c Je fais de la voile. J'adore ça!
d Je vais en vacances avec ma famille.

3 En tandem. Fais une conversation. Choisis les images A ou B.

- **Où passes-tu …?**
  ■ *Normalement, je passe …*
  A **B**

- **Avec qui vas-tu …?**
  ■ *Je vais …*
  A **B**

- **Combien de temps restes-tu …?**
  ■ *Je reste …*
  A **B**

- **Que fais-tu …?**
  ■ *Je fais …*
  A **B**

Studio Grammaire ≫ *Page 92*

To ask questions using question words (e.g. *où?* and *avec qui?*), put the question word first and invert (swap around) the subject and the verb:

*Où **passes-tu** …?*

*Avec qui **vas-tu** …?*

4 Lis les textes, puis regarde les images. C'est Blaise (B) ou Laëtitia (L)?

Exemple: **1** L

Où passes-tu tes vacances?

Tous les ans, en février, je vais en vacances avec ma mère et mon beau-père. On va dans les Alpes où on fait du ski. Quelquefois, je fais aussi du snowboard. C'est génial, ça! Normalement, on reste une semaine dans un hôtel.

Blaise

En juillet, je vais en colo avec mes copains. On va à la campagne et on fait du camping. On reste quinze jours. On fait toutes sortes d'activités: du VTT, du canoë-kayak et de l'équitation. J'adore ça, parce que je suis très sportive.

Laëtitia

1 **2** **3** **4** **5** **6** **7** **8**

5 Écoute l'interview avec une célébrité. Copie et complète le tableau en anglais.

where?	who with?	for how long?	activities?	any other details?
1 seaside	...	**1** ...	**1** ...	
2 ...		**2** ...	**2** ...	

ma petite amie   *my girlfriend*

6 Imagine que tu es une célébrité. Décris tes vacances.

- Say who you are: *Je m'appelle (Emma Watson).*
- Say where you go and when: *En juillet/août/février (etc.), je vais ...*
- Say who you go with: *Je vais en vacances avec mon/ma/mes ...*
- Say how long you stay there: *Je reste ...*
- Say what you do there: *Je fais du jet-ski/de la voile/de l'équitation (etc.).*
- Include an opinion: *J'adore ça!/C'est super! (etc.)*

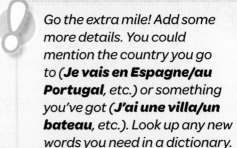

Go the extra mile! Add some more details. You could mention the country you go to (**Je vais en Espagne/au Portugal**, etc.) or something you've got (**J'ai une villa/un bateau**, etc.). Look up any new words you need in a dictionary.

7 En tandem. Interviewe ton/ta camarade. Il/Elle joue le rôle de la célébrité de l'exercice 6.

In pairs. Interview your partner. He/She plays the part of the celebrity from exercise 6.

Exemple:

● *Bonjour. J'ai avec moi Emma Watson. Emma, où vas-tu en vacances?*

■ *En juin, je vais ...*

J'ai avec moi ...   *I have with me ...*

J'adore les sensations fortes!

- Imagining adventure holidays
- Using je voudrais + infinitive

1 Trouve la bonne photo pour chaque phrase.

Exemple: **1** e

> Un jour, je voudrais …

1 aller au pôle Nord.

2 descendre l'Amazone en canoë.

3 faire un safari en Afrique.

4 faire de la plongée sous-marine.

5 faire des sports extrêmes.

6 habiter sur une île déserte.

| **un jour** one day |

2 Écoute et vérifie. (1–6)

Studio Grammaire

» Page 92

Je voudrais means 'I would like'.

It is usually followed by another verb, in the infinitive.

Je voudrais aller au pôle Nord. I'd like to go to the North Pole.

Je voudrais faire un safari. I'd like to go on safari.

3 En tandem. Jeu de mime.

Exemple:

- Un jour, je voudrais … [Tu mimes.]
- Tu voudrais descendre l'Amazone en canoë?
- Oui, c'est ça./Non, je voudrais …

 Work hard at sounding French! It's **je voudrais**, not 'je voodray'!

To pronounce **ou** correctly, make a small circle with your lips and puff a tiny bit of air out as you say it.

To pronounce **ai** correctly, say the letter A, but smile at the same time.

Now try putting them together and say **je voudrais**!

4 Écoute. Note l'activité (utilise les lettres de l'exercice 1) et note si la réaction est positive ou négative 🙁 . (1–6)

Exemple: **1** D 🙂

🙂		🙁	
Ouais! Cool!	Yeah! Cool!	Quelle horreur!	How horrible!
Bonne idée!	Good idea!	Tu rigoles!	You're kidding!
Pourquoi pas?	Why not?	Ce n'est pas mon truc.	It's not my thing.

⑤ Écoute et lis le quiz. Utilise le *Mini-dictionnaire*, si nécessaire. Note tes réponses.

Exemple: **1** B

Aimes-tu les sensations fortes? Réponds aux questions!

1 Voudrais-tu faire du camping tout(e) seul(e) dans une forêt?
A 😊 Pourquoi pas?
B 🙁 Tu rigoles!

2 Voudrais-tu nager avec des requins?
A 😊 Ouais! Cool!
B 🙁 Quelle horreur!

3 Voudrais-tu passer des vacances dans un château hanté?
A 😊 Bonne idée!
B 🙁 Tu rigoles!

4 Voudrais-tu faire de la randonnée dans une jungle?
A 😊 Pourquoi pas?
B 🙁 Ce n'est pas mon truc.

5 Voudrais-tu manger des insectes?
A 😊 Miam-miam! J'adore ça!
B 🙁 Beurk! Quelle horreur!

| les sensations fortes | thrills |

⑥ En tandem. Fais le quiz avec ton/ta camarade.

Exemple:

● *Un. Voudrais-tu faire du camping tout(e) seul(e) dans une forêt?*

■ *Pour moi, c'est A: Pourquoi pas?*

● *Pour moi, c'est B: Tu rigoles!*

⑦ Fais un sondage. Pose les questions du tableau à trois personnes et écris les prénoms dans la bonne case.

Do a survey. Ask three people the questions in the grid and write the names in the right box.

Exemple:

● *Emma, est-ce que tu voudrais faire des sports extrêmes?*

■ *Ah, non! Quelle horreur!*

	😊	🙁
1 Est-ce que tu voudrais faire des sports extrêmes?		Emma
2 Est-ce que tu voudrais aller au pôle Nord?		
3 Est-ce que tu voudrais habiter sur une île déserte?		

⑧ Écris les résultats de ton sondage.

Write up the results of your survey.

Exemple:

Emma ne voudrait pas faire de sports extrêmes.

Sayed voudrait faire des sports extrêmes.

C'est indispensable!

○ *Talking about what you take with you on holiday*

○ *Using reflexive verbs*

1 Écoute. Qui parle? Écris le bon prénom. (1–3)

> *Qu'est-ce que tu prends quand tu vas en vacances?*

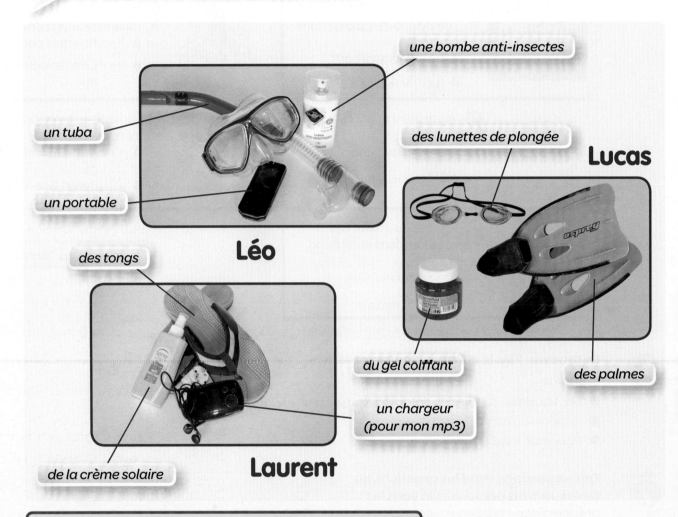

une bombe anti-insectes

un tuba

un portable

des lunettes de plongée

Lucas

Léo

des tongs

du gel coiffant

des palmes

un chargeur (pour mon mp3)

de la crème solaire

Laurent

Qu'est-ce que tu prends quand tu vas en vacances?	*What do you take with you when you go on holiday?*

2 En tandem. Jeu de mémoire.

Exemple:

● *Léo, qu'est-ce que tu prends quand tu vas en vacances?*

■ *Je prends un tuba, …*

Qu'est-ce que tu prends quand tu vas en vacances?

Practise this question. It sounds a bit like this: 'kess-kuh-tu-pron-con-tu-vaz-on-vakanss?'

3 Copie les phrases. Écris correctement les mots en rouge.

Copy out the sentences. Unjumble the words in red.

1 Je prends du leg ocffinat et de la mecèr liasero.

2 Je prends des stogn et un tapobrel.

3 Je prends un buta et des lesamp.

4 Je prends des teletsun ed gélopen.

5 Je prends un recuragh pour mon mp3.

6 Je prends une mobeb tina-stecines.

Lis les textes et mets les images dans l'ordre des textes.

Exemple: b, …

Quand je vais en vacances, **je me fais bronzer** sur la plage. Alors, je prends de la crème solaire. Quelquefois, **je m'ennuie** pendant les vacances, alors je prends des magazines et un chargeur pour mon mp3.

Tous les jours, **je me baigne** dans la mer. Donc, je prends mes lunettes de plongée. Après, **je me douche** et **je me coiffe**, alors je prends beaucoup de gel coiffant.

Moi, j'aime faire de la plongée, donc je prends un tuba et des palmes. Je prends aussi une bombe anti-insectes, parce que **je me fais** toujours **piquer**!

a   b   c   d   e   f

 Relis les textes. Copie et complète les phrases en anglais.

1 When Noah goes on holiday, he ▮▮▮ on the beach, so he takes ▮▮▮.

2 Sometimes he gets ▮▮▮ on holiday, so he takes magazines and ▮▮▮.

3 Every day, Julie ▮▮▮ in the sea, so she takes her ▮▮▮.

4 Afterwards, she ▮▮▮ and does her hair, so she takes plenty of ▮▮▮.

5 Baptiste loves scuba diving, so he takes a ▮▮▮ and ▮▮▮.

6 He also takes ▮▮▮ because he always gets ▮▮▮.

la plage	the beach
toujours	always

Studio Grammaire

Reflexive verbs include a reflexive pronoun (e.g. *me*).

Je me douche – I have a shower
Je me baigne – I swim
Je me coiffe – I do my hair
Je me fais bronzer – I sunbathe
Je me fais piquer – I get stung
Je m'ennuie – I get bored

 Écoute et complète le tableau en anglais. (1–5)

Exemple:

	action	takes with him/her
1	swimming	

 En tandem. Ton/Ta camarade dit une lettre. Tu fais une phrase.

Exemple:

● *B*

▮ *Je me fais bronzer, alors je prends de la crème solaire.*

A B C  D    E

Copie et complète les phrases qui disparaissent. Utilise tes propres idées.

Copy and complete the disappearing sentences. Use your own ideas.

1 Quand je vais en vacances, je me douche souvent, alors ▮▮▮.

2 Quand je vais en vacances, je me baigne dans la mer, ▮▮▮.

3 Quand je vais en vacances, je me fais bronzer ▮▮▮.

4 Quand je vais en vacances, je me ▮▮▮.

5 Quand je vais en vacances, je ▮▮▮.

6 Quand je vais en vacances, ▮▮▮.

 alors and **donc** both mean 'so' or 'therefore'. Use them to create longer sentences.

Quel désastre!

○ *Describing holiday disasters*
○ *Using perfect tense verbs*

1 **Trouve la bonne photo pour chaque phrase.**

1 *J'ai oublié mon passeport!*

Ryan

2 *J'ai perdu mon portemonnaie!*

Aïcha

3 *J'ai cassé mon appareil photo!*

Benoît

4 *J'ai pris un coup de soleil!*

Léna

5 *J'ai mangé quelque chose de mauvais!*

Enzo

6 *On a raté l'avion!*

Salomé

a

b

c

d

e

f

| **quelque chose de mauvais** | *something bad* |

2 **Écoute. Qui parle? Écris le bon prénom de l'exercice 1. (1–6)**
Exemple: **1** Aïcha

3 **Écris correctement les phrases. Puis traduis-les en anglais.**
Write the sentences out correctly. Then translate them into English.

1 mon j'ai passeport oublié
2 coup pris de j'ai un soleil
3 cassé appareil photo j'ai mon
4 l'avion raté a on
5 perdu j'ai portemonnaie mon
6 mauvais quelque j'ai chose de mangé

Studio Grammaire

 Page 93

Perfect tense verbs have two parts:

1 part of the verb *avoir* (to have), e.g. *j'ai/on a*

2 a past participle, e.g. *mangé/raté*

j'ai mangé (I ate)
on a raté (we missed)

Most past participles end in **–é**. But some are different:

j'ai on a	oublié mangé raté cassé perdu pris

 Écoute à nouveau les personnes de l'exercice 2. Tu entends quelle expression? (1–6)

Listen again to the people from exercise 2. Which expression do you hear?

1	**a** Mince!	**b** Oh là là!	**4**	**a** Aïe!	**b** C'est pas possible!
2	**a** Aïe!	**b** C'est pas possible!	**5**	**a** Quel désastre!	**b** Quelle horreur!
3	**a** Quelle horreur!	**b** Oh là là!	**6**	**a** Mince!	**b** Quel désastre!

 En tandem. Joue au «bip» avec ton/ta camarade.

Exemple:

● *Mince! J'ai perdu mon BIP!*

■ *Mince! J'ai perdu mon portemonnaie!*

● *Oh là là! J'ai cassé mon BIP!*

■ *Oh là là! J'ai cassé mon appareil photo!*

 Use expressions like **Mince!** and **Quelle horreur!** to add 'colour' to your speaking.

 Écoute et note le problème en anglais. (1–4)

Exemple: **1** Lost …

 En tandem. Fais une conversation. Choisis parmi les images.

In pairs. Make up a conversation. Choose from the pictures.

Exemple:

● *T'as passé de bonnes vacances?*

■ *Non! D'abord, j'ai oublié mon passeport, ensuite j'ai cassé mon mp3, puis …*

● *Oh là là! Quelle horreur!*

  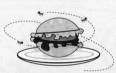  

 Lis le texte et les phrases. C'est vrai (V) ou faux (F)?

Je suis allée en Espagne avec ma famille. Quel désastre! D'abord, ma mère a perdu son portemonnaie avec tout notre argent dedans! Ensuite, j'ai cassé mon portable. Puis on est allés au restaurant où ma sœur a mangé du mauvais poisson. Elle a vomi toute la nuit! Finalement, mon père a oublié son passeport à l'hôtel, et donc on a raté l'avion. Quelles vacances horribles!

Manon

1 Manon est allée en Espagne avec sa famille.
2 Le père de Manon a perdu son portemonnaie.
3 Manon a cassé son appareil photo.
4 La sœur de Manon a mangé quelque chose de mauvais.
5 La mère de Manon a oublié son passeport.
6 La famille a raté l'avion.

son/sa   his or her

 Copie et complète le texte. Utilise les images de l'exercice 7 ou tes propres idées.

Copy and complete the text. Use the pictures from exercise 7 or your own ideas.

J'ai passé des vacances horribles! D'abord, j'ai perdu mon portable. Ensuite, ▆▆. Puis ▆▆. Après, ▆▆. Et finalement, ▆▆. Quelle horreur!

- Visiting a tourist attraction
- More practice with the perfect tense

1 Écoute et lis. Mets les images dans l'ordre du texte.

Exemple: b, …

Studio Grammaire

> Page 93

In the perfect tense, you need to use the right part of *avoir* or *être* to talk about either yourself or someone else.

J'	ai	fait …
Je	suis	allé(e) …
Mon frère/ Ma mère (etc.)	a	fait …
Mon frère/ Ma mère (etc.)	est	allé(e) …

Salut! Je m'appelle Mathis. Le weekend dernier, je suis allé à la Base de Loisirs de Jonzac avec ma famille. D'abord, on a fait de la voile. C'était génial! Ensuite, mon frère a fait du VTT et ma sœur a fait de l'équitation. Mon beau-père est allé à la pêche et ma mère a fait du tir à l'arc. Et moi, j'ai fait de l'escalade! C'était hypercool!

a	b	c	d	e	f
pêche	voile	tir à l'arc	escalade	VTT	équitation

2 Relis le texte. Qui a fait quoi? Complète le tableau avec les bonnes lettres.

Re-read the text. Who did what? Complete the grid with the correct letters.

Exemple:

Mathis	mother	stepfather	brother	sister	whole family
			e		

3 Écoute Clémence. Choisis la bonne réponse. (1–5)

Exemple: **1** b

1 Clémence a fait (a) du VTT (b) du tir à l'arc.

2 Sa sœur a fait (a) du ski (b) du trampoline.

3 Son demi-frère est allé (a) à la pêche (b) au cinéma.

4 Son père a fait (a) de la voile (b) du canoë-kayak.

5 Sa belle-mère a fait (a) de l'escalade (b) de l'équitation.

 En tandem. Imagine que tu es Thomas ou Clara. Fais une conversation.

● *Salut, Thomas/Clara! Qu'est-ce que tu as fait à la base de loisirs?*

■ *J'ai fait* .

● *Et ton père?*

■ *Mon père a fait*

● *Et ta mère?*

■ *Ma mère a fait*

● *Et ton frère?*

■ *Mon frère a fait*

● *Et ta sœur?*

■ *Ma sœur est allée* .

Studio Grammaire

>> Page 112

The words for 'my', 'your' and 'his/her' change, depending on whether the noun that follows is masculine or feminine:

	my	your	his/her
masculine	mon père	ton père	son père
feminine	ma mère	ta mère	sa mère

 Écris correctement les phrases.

1 J'aifaitdelavoile.
2 Onafaitdutiràl'arc.
3 Monfrèreestalléàlapêche.
4 MasœurafaitduVTT.
5 Mamèreafaitdel'escalade.
6 Monpèreafaitdel'équitation.

 Lis et complète le texte avec les mots de la case.

Ma mère a fait ❶ ▇▇ VTT et mon père a fait de l' ❷ ▇▇ . Mon frère est allé à la ❸ ▇▇ et ma ❹ ▇▇ a fait du VTT. Et moi, j'ai ❺ ▇▇ de la voile. C'était ❻ ▇▇ !

pêche génial du sœur escalade fait

 Look for grammar clues to help you fill the gaps. What word comes before **VTT**? The words before the next gap are **de l'** – what kind of letter must the next word start with?

 Imagine que tu es membre d'une famille célèbre. Décris une visite à la base de loisirs.

Imagine you are a member of a famous family. Describe a visit to the leisure park.

Exemple:

Je m'appelle William. Le weekend dernier, je suis allé à la base de loisirs avec ma famille. J'ai/Je suis ... Mon père Charles a/est ...

Je suis allé(e)	à la pêche.		
J'ai fait du	canoë-kayak/tir à l'arc/trampoline/VTT.		
On Mon père Ma mère	a fait	de la	voile/planche à voile.
		de l'	équitation/escalade.
Mon frère Ma sœur	est allé(e)(s)	à la pêche.	
C'etait	génial/super/hypercool/top/ennuyeux/nul.		

 Mémorise ton texte et fais un exposé oral.

Bilan

Unité 1

I can

- ● say where I go on holiday: *Normalement, je passe mes vacances au bord de la mer.*
- ● say who I go with: *Je vais en vacances avec ma famille.*
- ● say how long I stay: *Je reste quinze jours.*
- ● say what I do on holiday: *Je fais du VTT. Je fais de la voile.*
- ☐ ask questions using inversion: *Où passes-tu tes vacances?*
      Avec qui vas-tu en vacances?

Unité 2

I can

- ● describe what I'd like to do: *Un jour, je voudrais faire des sports extrêmes.*
- ● give reactions to what people say: *Bonne idée!/Tu rigoles!/Quelle horreur!*
- ● pronounce the sounds *ou* and *ai*:   *voudrais*
- ☐ use *je voudrais* + infinitive: *Je voudrais habiter sur une île déserte.*

Unité 3

I can

- ● say what I take with me on holiday: *Je prends de la crème solaire et des tongs.*
- ● say what I do on holiday: *Je me baigne dans la mer.*
- ● use the connectives *alors* and *donc*:   *Je me coiffe, alors je prends du gel coiffant.*
      Je fais de la plongée, donc je prends un tuba.
- ☐ use reflexive verbs: *je me douche, je m'ennuie, je me fais piquer*

Unité 4

I can

- ● describe holiday disasters: *J'ai cassé mon appareil photo.*
- ● use exclamations: *Mince! Oh là là! C'est pas possible!*
- ☐ use the perfect tense of –er verbs: *J'ai oublié mon passeport. On a raté l'avion.*
- ☐ use the perfect tense of other types of verbs: *J'ai perdu mon portable.*
      J'ai pris un coup de soleil.

Unité 5

I can

- ● describe a visit to an attraction: *Je suis allé(e) à la base de loisirs.*
      J'ai fait de l'escalade.
- ● say what other people did: *Ma mère/Mon frère a fait du tir à l'arc.*
      Mon frère est allé à la pêche.
- ☐ use different parts of perfect tense verbs: *j'ai fait/il a fait*
      je suis allé(e)/on est allé(e)s

C'est quelle activité? La réaction est positive ou négative? Complète le tableau. (1–5)

Exemple:

	activity	😊	☹️
1	safari in Africa	✓	

 En tandem. Fais trois conversations. Utilise les questions et les images.

Exemple:

● *Où passes-tu tes vacances?*

■ *Je passe …*

● *Avec qui vas-tu en vacances?*

■ ....

● *Combien de temps restes-tu en vacances?*

■ ....

● *Que fais-tu quand tu pars en vacances?*

■ ....

 Lis le texte. Choisis la bonne réponse aux questions.

Je suis allé au Portugal avec ma famille et c'était un désastre! D'abord, j'ai perdu mon portable sur la plage. Ensuite, ma sœur a pris un coup de soleil horrible. Puis ma mère a cassé son appareil photo et mon frère a mangé un mauvais hamburger au restaurant. Il a vomi toute la nuit! Finalement, mon père a perdu son passeport au camping et on a raté l'avion. Quelle horreur!

Hugo

Who …

1 lost his/her mobile on the beach?
2 got sunburnt?
3 broke his/her camera?
4 ate something bad and was sick?
5 forgot his/her passport?
6 missed the plane?

a Hugo

b Hugo's brother

c Hugo's sister

d Hugo's mother

e Hugo's father

f the whole family

 À la base de loisirs. Écris des phrases.

Exemple: **1** J'ai fait du VTT.

1 J'ai fait .

2 J'ai .

3 Mon père a fait 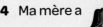 .

4 Ma mère a .

5 Ma sœur .

6 Mon frère est allé .

Écoute et lis. Choisis le bon titre en anglais pour le texte.

Tu trouves les vacances scolaires un peu ennuyeuses? En France, on peut aller au collège pendant les grandes vacances!

Beaucoup de collèges restent ouverts en juillet et en août. Dans ces collèges, on peut faire toutes sortes d'activités. Et c'est gratuit!

Par exemple, on peut faire un stage avec les pilotes de l'air, visiter les studios d'une chaîne de télévision, ou enregistrer une chanson avec l'aide de musiciens professionnels!

En plus, on peut aussi faire des révisions pour la rentrée de septembre.

Alors, tu trouves que c'est une bonne idée?

gratuit free

A Going abroad in the school holidays

B Getting a summer job in France

C Free holiday activities at school

D Re-taking your exams over the summer

To decide which title is correct:
- read quickly through the text to get the gist
- don't worry about words you don't understand
- look for words you recognise or can guess.

Complète la traduction des phrases du texte.

Complete the translation of the sentences from the text.

1 *Tu trouves les vacances scolaires un peu ennuyeuses?*
Do you find the school holidays a bit ████?

2 *Beaucoup de collèges restent ouverts en juillet et en août.*
Lots of schools stay ████ in July and August.

3 *On peut faire un stage avec les pilotes de l'air.*
You can do a ████ with pilots.

4 *On peut visiter les studios d'une chaîne de télévision.*
You can visit the studios of a ████.

5 *On peut enregistrer une chanson avec l'aide de musiciens professionnels!*
You can record a ████ with the help of professional musicians.

6 *On peut aussi faire des révisions pour la rentrée de septembre.*
You can also do some revision for the ████ in September.

To do exercise 2, look at the <u>context</u> of each sentence (what it's about) and make a logical guess. When you've finished, look up the red words in the **Mini-dictionnaire** to check if you were right. This is good practice for using context to work out meaning.

Relis les phrases de l'exercice 2. Qu'est-ce que c'est en anglais?

1 les vacances scolaires
2 beaucoup de collèges
3 on peut

4 les pilotes
5 enregistrer
6 faire des révisions

Trouve et corrige les cinq erreurs dans le résumé du texte.

Find and correct the five mistakes in the summary of the text.

Some French schools stay open in the Christmas holidays. You can do all sorts of activities and it only costs a few euros. For example, at one school you can do a police training course, visit a film studio or record a song. You can also do some revision for the return to school in January.

 Écoute. Note dans le tableau: l'activité, l'opinion et la raison. (1–4)

Exemple:

	activity	😊 / 😞	why?
1	b	😊	met one of his favourite actors

 En tandem. Imagine que tu as fait des activités au collège de l'exercice 1. Fais une conversation.

Exemple:

● *Qu'est-ce que tu as fait comme activités au collège?*

■ *J'ai fait .../J'ai enregistré .../On a visité ...*

● *C'était comment?*

■ *C'était génial/intéressant/ennuyeux.*

● *Pourquoi?*

■ *Parce que j'aime/je n'aime pas .../Parce qu'un jour, je veux être ...*

 Imagine que ton collège va rester ouvert pendant les vacances. Écris un programme d'activités pour une semaine.

Imagine that your school is going to stay open during the holidays. Write a programme of activities for one week.

Exemple:

Collège Greenbank
Programme d'activités

Lundi 9 août
Stage de judo et de karaté

Mardi 10 août
Visite au château de Warwick

Mercredi 11 août

 Imagine que tu as suivi le programme d'activités de ton collège. Écris un paragraphe.

Imagine that you followed the programme of activities at your school. Write a paragraph.

Exemple:

- *Vary your writing by using **on** (we), as well as **je** (I).*
- *Include opinions with **c'était** ... (it was ...).*
- *To raise your level, add a reason for your opinion: **parce que ...***

J'ai fait toutes sortes d'activités
au collège pendant les vacances
scolaires. Lundi, j'ai fait un stage de
judo et de karaté. Mardi, j'ai visité ...
Mercredi, ... Jeudi, ... Vendredi, ...

j'ai (I) on a (we)	fait (did) visité (visited) enregistré (recorded) joué (played) mangé (ate)
je suis allé(e) (I went) on est allé(e)s (we went)	

J'écris

Your challenge!

My dream holiday

You have won a competition in a French magazine and you're on a luxury holiday of your choice! Write a blog from your holiday destination. Write about 100 words. Include the following details:

- what sort of holidays you normally have
- what you take with you
- what you have done so far on your dream holiday
- something you would like to do one day.

Remember POSM!

***P**lan: Get your ideas down on paper.*

***O**rganise your ideas: What will you start with? What next? How will you finish?*

***S**elect: Choose the words and phrases you will need. Include some 'fancy French'.*

***M**ake sure: Check that what you have written is accurate.*

1 Copy and complete these sentences, using suitable words from the umbrella. There are three 'red herrings'.

1 Normalement, je passe mes vacances ▆▆▆.

2 Je vais en vacances avec ma ▆▆▆.

3 Je reste ▆▆▆.

4 Je fais de la ▆▆▆.

5 Je me fais bronzer sur la ▆▆▆.

plage — une semaine — famille — restaurant — au bord de la mer — voile — mon passeport — des tongs

2 Rewrite the sentences in exercise 1 to describe your own holidays. They don't have to be true!

Example: **1** Normalement, je passe mes vacances à la campagne.

3 Look at what Zoë takes on holiday and complete her list.

de la crème solaire, ...

4 Copy and complete each of these sentences with one of the items from Zoë's packing list.

1 Je me baigne dans la mer, alors je prends ▆▆▆.

2 Je me douche et je me coiffe, donc je prends ▆▆▆.

3 J'écoute de la musique, alors je prends ▆▆▆.

4 Je me fais bronzer, donc je prends ▆▆▆.

5 Je me fais piquer par des insectes, alors je prends ▆▆▆.

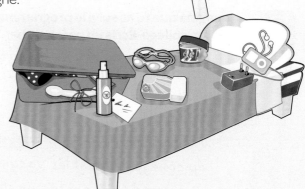

*Use **alors** or **donc** (so/therefore) to create longer, 'fancy French' sentences. This will earn you extra marks!*

(5) Write out these sentences about what Samir did on his dream holiday and choose the correct picture for each one.

1 J'aifaitdelaplongée.

2 J'aifaitdel'équitation.

3 J'aifaitdelaplancheàvoile.

4 Jesuisalléàlapêche.

5 J'aimangéaurestaurant.

6 J'aidansétoutelasoirée.

a    **b**   **c**   **d**    **e**   **f**

(6) Use the words below to translate the following time expressions into French. Then add one of them to each of the sentences in exercise 5.

Example: Lundi matin, j'ai fait de la plongée.

1 Monday morning

2 Wednesday afternoon

3 Friday evening

4 Saturday morning

5 yesterday evening

 Lists of activities can be boring! Break them up with time expressions.

lundi   mercredi
        vendredi
hier   samedi

matin
        après-midi
    soir

(7) Write a sentence for your blog about something you would like to do one day. Look back at pages 78–79 for ideas.

Example: Un jour, je voudrais faire un safari en Afrique.

(8) Now write the blog from your dream holiday destination. Use your answers to the exercises to help you. Write four separate paragraphs, using the structure on the right.

Paragraph 1: What sort of holidays you normally have	
Normalement, je passe mes vacances ... *Je vais en vacances avec ...* *Je reste .../Je fais ...*	
Paragraph 2: What you take with you	
Je (me fais bronzer),	*alors/donc je prends ...*
Paragraph 3: Where you are on your dream holiday and what you have done so far	
Mais cette année, j'ai gagné un concours!	
Je suis en vacances	*en Australie/Espagne/Guadeloupe/...*
Lundi matin, *Hier soir,*	*j'ai (fait/mangé/dansé) ...* *je suis allé(e) ...*
C'était ...	
Paragraph 4: Something you would like to do one day	
Un jour, je voudrais ...	

(9) Check what you have written for accuracy using the checklist at the bottom of page 25 and redraft your writing if necessary.

Studio Grammaire

Asking questions using question words

Here are some useful question words:

où (where)   *avec qui* (who with)   *combien de* (how much/how many)   *que* (what)

comment (how)   *à quelle heure* (what time)

There are two ways of forming questions with question words.

- Use inversion: put the question word first and 'invert' (swap around) the subject and the verb:

   *Où **passes-tu** tes vacances?*   *Avec qui **vas-tu** en vacances?*

- Use *est-ce que*: put the question word first followed by *est-ce que*:

   *Où **est-ce que** tu passes tes vacances?*   *Avec qui **est-ce que** tu vas en vacances?*

1 Rewrite these questions using inversion. The words in bold are the ones you need to invert.

   1 *Où est-ce que **tu passes** tes vacances?*

   2 *Avec qui est-ce que **tu vas** à Paris?*

   3 *Combien de temps est-ce que **tu restes** en France?*

   4 *Comment est-ce que **tu vas** en France?*

   5 *À quelle heure est-ce que **tu arrives**?*

2 Rewrite these questions using *est-ce que*. The English translation is there to help you.

   1 *Où habites-tu?* (Where do you live?)

   2 *Combien de temps passes-tu en France?* (How much time do you spend in France?)

   3 *Avec qui vas-tu au cinéma?* (Who do you go to the cinema with?)

   4 *Comment vas-tu au collège?* (How do you go to school?)

   5 *À quelle heure commences-tu le matin?* (At what time do you start in the morning?)

je voudrais + infinitive

Je voudrais means 'I would like'. It is usually followed by the infinitive of another verb
(e.g. *aller* – to go, *faire* – to do/make).

Je voudrais aller au pôle Nord.   I would like to go to the North Pole.

3 Write five sentences to help Rémi say what he would like to do one day. Use an infinitive from
the first bubble and choose a sentence ending from the second bubble that makes sense.

aller
faire   *habiter*
avoir   *être*

du snowboard
footballeur professionnel
dans une grande maison
une petite amie
à New York

The perfect tense

You use the perfect tense to talk about the past.

Perfect tense verbs have two parts:

1 part of the verb *avoir* or *être*, e.g. *j'**ai**, on **a**, je **suis***

2 a past participle – most past participles end in **–é**, e.g. *oubli**é**, rat**é**, all**é**.*

J'ai oublié mon passeport.	I forgot my passport.
On a raté l'avion.	We missed the plane.
Je suis allé(e) à la pêche.	I went fishing.

Some past participles work differently:

faire (to do or make)	*J'ai **fait** du tir à l'arc.*	I did archery.
perdre (to lose)	*J'ai **perdu** mon portable.*	I lost my mobile phone.
prendre (to take)	*J'ai **pris** des photos.*	I took some photos.

Note: *J'ai pris un coup de soleil.* = I got sunburnt. (literally: I took a sunburn.)

4 Copy and complete the blog using the perfect tense. Remember that perfect tense verbs have two parts! Use each past participle given below once.

Je suis allé en colo au bord de la mer. J'ai fait de la plongée et j' ▭▭ ▭▭ de la voile. C'était génial! Mais un jour, je ▭▭▭ ▭▭▭ à la pêche et j' ▭▭▭ ▭▭▭ un coup de soleil. Quelle horreur! Puis j' ▭▭▭ ▭▭▭ mon appareil photo et j' ▭▭▭ ▭▭▭ mon portable. Finalement, j' ▭▭▭ ▭▭▭ mon passeport et j' ▭▭▭ ▭▭▭ l'avion. Quel désastre!

> raté   perdu   pris   cassé   fait   oublié   allé

Using the perfect tense to say what other people did

The part of *avoir* or *être* that you need to use changes, depending on who you are talking about:

*j'**ai** fait*	I did		*je **suis** allé(e)*	I went
*tu **as** fait*	you did		*tu **es** allé(e)*	you went
*il/elle **a** fait*	he/she did		*il/elle **est** allé(e)*	he/she went
*on **a** fait*	we did		*on **est** allé(e)s*	we went

If you want to mention someone by name (e.g. Julie, my brother, etc.), you use the *il/elle* part of the verb:

*Julie **a** fait du ski. Mon frère **est** allé en vacances.*

With *être* verbs, you have to make the past participle 'agree':

• add **–e** for feminine singular: *elle est allé**e***

• add **–s** for plural (all male or mixed male and female): *on est allé**s***

• add **–es** for feminine plural: *on est allé**es***

5 Copy out the sentences, choosing the correct part of *avoir* or *être*. Then translate the sentences.

1 *Je suis/est allé en France avec ma famille.*

2 *J'as/ai fait de la plongée sous-marine.*

3 *Tu a/as mangé quelque chose de mauvais.*

4 *Chloë a/ai perdu son portemonnaie.*

5 *Ma sœur est allé/allée à la plage.*

6 *On est allés/allé à Paris.*

7 *On a/est raté l'avion.*

8 *Le père de Samuel a/est allé en Espagne.*

9 *As/Est-tu cassé ton portable?*

10 *Je n'ai/a pas fait de la voile.*

Vocabulaire

Les vacances • *Holidays*

Je passe mes vacances ...	*I spend my holidays ...*
au bord de la mer	*at the seaside*
à la campagne	*in the countryside*
à la montagne	*in the mountains*
en colo	*at a holiday camp*
Je vais en vacances ...	*I go on holiday ...*
avec ma famille	*with my family*
avec mes parents	*with my parents*
avec mes copains	*with my friends*
Je reste ...	*I stay ...*
une semaine	*one week*
quinze jours	*a fortnight*
dix jours	*ten days*

Les activités de vacances • *Holiday activities*

Je fais ...	*I do/I go ...*
du canoë-kayak	*canoeing*
du ski	*skiing*
du snowboard	*snowboarding*
du VTT	*mountain biking*
de la voile	*sailing*
de la planche à voile	*windsurfing*
de l'équitation	*horse riding*

Mes rêves • *My dreams*

Un jour, je voudrais ...	*One day, I would like to ...*
aller au pôle Nord	*go to the North Pole*
descendre l'Amazone en canoë	*go down the Amazon in a canoe*
faire de la plongée sous-marine	*go scuba diving*
faire des sports extrêmes	*do some extreme sports*
faire un safari en Afrique	*go on safari in Africa*
habiter sur une île déserte	*live on a desert island*

Les réactions • *Reactions*

Ouais! Cool!	*Yeah! Cool!*
Bonne idée!	*Good idea!*
Pourquoi pas?	*Why not?*
Quelle horreur!	*How horrible!*
Tu rigoles!	*You must be joking!*
Ce n'est pas mon truc.	*It's not my kind of thing.*

Les affaires de vacances • *Holiday items*

un chargeur (pour mon mp3/ma PlayStation Portable)	*a charger (for my mp3/ my portable PlayStation)*
un portable	*a mobile phone*
un tuba	*a snorkel*
une bombe anti-insectes	*an insect-repellent spray*
du gel coiffant	*hair gel*
de la crème solaire	*sun cream*
des lunettes de plongée	*swimming goggles*
des palmes	*flippers*
des tongs	*flip-flops*

Les verbes pronominaux • *Reflexive verbs*

Je me baigne.	*I swim.*
Je me coiffe.	*I do my hair.*
Je me douche.	*I have a shower.*
Je me fais bronzer.	*I sunbathe.*
Je me fais piquer.	*I get stung.*
Je m'ennuie.	*I get bored.*

Des vacances désastreuses • *Disastrous holidays*

J'ai oublié mon passeport.	*I forgot my passport.*
J'ai perdu mon portemonnaie.	*I lost my purse.*
J'ai cassé mon appareil photo.	*I broke my camera.*
J'ai pris un coup de soleil.	*I got sunburnt.*
J'ai mangé quelque chose de mauvais.	*I ate something bad.*
On a raté l'avion.	*We missed the plane.*
Aïe!	*Oh, no!/Ouch!*
Mince!	*Damn!*
Oh là là!	*Oh, dear!*
C'est pas possible!	*No way!*
Quel désastre!	*What a disaster!*

À la base de loisirs • *At the leisure park*

J'ai ...	*I ...*
Il/Elle a ...	*He/She ...*
fait du tir à l'arc	*did archery*
fait du trampoline	*did trampolining*
fait de l'escalade	*went climbing*
Je suis ...	*I ...*
Il/Elle est ...	*He/She ...*
allé(e) à la pêche	*went fishing*

Les mots essentiels • *High-frequency words*

où?	*where?*
avec qui?	*who with?*
combien de?	*how much?/how many?*
que? qu'est-ce que?	*what?*
normalement	*usually, normally*
quel/quelle	*which/what (a)*
alors donc	*so/therefore*
quand	*when*
mon/ma/mes	*my*
ton/ta/tes	*your*
son/sa/ses	*his/her*
d'abord	*first of all*
ensuite	*then/next*
puis	*then*
après	*afterwards*
finalement	*finally*

Stratégie 4

Reading complicated texts

Don't give up! Just because you can't understand every word doesn't mean you can't work out what a French story or article is about. How many of these strategies do you use already?

- I read all the text to get an idea of what it's all about.
- I don't panic or give up when there's a word I don't know; I carry on to the end.
- I use my powers of logic to make sensible guesses.
- I spot cognates and words that look familiar.
- I pick out what seem to be the key words – they often appear more than once.
- I look out for names of people and places.
- I use my knowledge of grammar. For example, can I spot what tense a verb is in.

Try them all out and see which work best for you.

According to one French survey:

- **17.2% of girls are not allowed to go out in the evenings until they are 18**
- **43% have to ask permission every time they want to go out**
- **38.4% don't have to ask permission, but have to say where they are going and when they will be back**
- **1.4% can go out when they want, without asking permission or saying when they will be back.**

- **9.1% of boys are not allowed to go out in the evenings**
- **33.3% have to ask permission before going out**
- **49.3% don't have to ask permission, but have to say where they are going and when they will be back**
- **8.3% can go out without asking permission or saying when they'll be back.**

What do you think of these findings? Are they fair to girls? Are they fair to boys? Do you think the figures would be the same in your country?

4,000 secondary school pupils from Quebec were asked what worried them most.

What do you think their top answer was from this list?
- **Relationship problems**
- **Parents getting divorced**
- **Losing friends**
- **Loneliness**
- **Results at school**

(Answer below.)

Pupils from Quebec said the thing that worried them most was results at school.

5

Do you know where your trainers or your T-shirt were made? A lot of the clothing we buy in the West is made by poorly paid 'sweatshop' workers in Asia, and many of these workers are children.

If you want to avoid buying sweatshop-made goods, look out for clothes from fair-trade producers and suppliers.

When asked 'What would make you happier?', 63% of young French people said 'Having more money'.

Do you agree with this statement? What makes you happy?

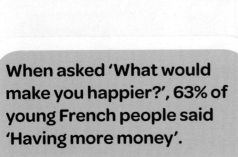

You're never too young to change the world! There are lots of fun ways of raising money for your favourite charity. You could organise a talent show, a face-painting day, a fun run, a swimathon, or even a custard-pie-throwing contest! Which charity would you support?

Mes droits

- Discussing what you are allowed to do
- Using j'ai le droit de + *infinitive*

1 Écoute et écris la bonne lettre. (1–8)

Exemple: **1** b

a de sortir avec mes copains le weekend.

b de sortir seule.

Moi, j'ai le droit …

f de jouer à des jeux vidéo le soir.

g d'aller sur Facebook.

Je n'ai pas le droit …

c d'aller au MacDo avec mes copains.

d de surfer sur Internet une heure par jour.

e de regarder la télé dans ma chambre.

h d'aller sur des forums.

2 Écoute. Copie et complète le tableau en anglais. (1–4)

1 Amara **2** Alexis **3** Jonathan **4** Simon

	is allowed to …	is not allowed to …
1 Amara		

Studio Grammaire   » Page 112

avoir le droit de = to have the right to/to be allowed to

J'ai le droit de sortir seul(e).
  I am allowed to go out by myself.

Remember how to use *avoir* in the present tense:

j'ai	I have
tu as	you have
il/elle/on a	he/she has/we have

3 En tandem. Fais trois dialogues. Change les mots soulignés.

Exemple: **1**

- ● *Tu as le droit <u>d'aller sur Facebook</u>?*
- ■ *Oui, j'ai le droit <u>d'aller sur Facebook</u>, mais je n'ai pas le droit <u>d'aller sur des forums</u>.*

1 Facebook **?** Facebook **✓** forums **✗**

2 MacDo **?** MacDo **✓**   **✗**

3   **?**   **✓**   **✗**

Écris correctement les questions.

1 Tu droit le as de sortir tes avec le copains weekend ?

2 droit as le Tu sur surfer de Internet soirs les tous ?

3 le d'aller MacDo Tu as droit au copains avec tes ?

4 jouer as Tu le de droit à jeux soir des vidéo le ?

5 as seul sortir droit de le Tu ?

6 Facebook as d'aller le Tu sur droit ?

Fais un sondage en classe. Pose les questions de l'exercice 4 à cinq personnes.

Exemple:

● *Tu as le droit d'aller au MacDo avec tes copains?*

Lis le texte. Trouve l'équivalent des expressions en anglais dans le texte.

Courrier des lecteurs: Mes parents me traitent comme un enfant …

Chère Sylvie,
À mon avis, je suis responsable et assez indépendant. J'ai le droit de sortir avec mes copains le weekend et j'ai le droit de jouer à des jeux vidéo le soir, mais je n'ai pas le droit d'aller sur Facebook, ni d'aller sur des forums. À mon avis, ce n'est pas juste.
Que dois-je faire?
Aurélien 14 ans

Essaie de respecter la décision de tes parents. Parle avec eux, mais reste calme et choisis aussi le bon moment. Ne parle pas à tes parents si tu as un mauvais bulletin scolaire, par exemple! Ce n'est pas la peine!
Sylvie

ni	nor

1 My parents treat me like a child.

2 I am responsible and quite independent.

3 It's not fair.

4 Try to respect your parents' decision.

5 a bad school report

6 It's not worth it!

Relis le texte. C'est vrai (V) ou faux (F)?

1 Aurélien a le droit de sortir avec ses copains le weekend.

2 Aurélien a le droit de jouer à des jeux vidéo le soir.

3 Aurélien a le droit d'aller sur Facebook.

4 Aurélien a aussi le droit d'aller sur des forums.

5 Sylvie pense qu'Aurélien doit respecter la décision de ses parents.

Écris une lettre à Sylvie pour expliquer tes problèmes.

Chère Sylvie,
À mon avis, je suis … et …
J'ai le droit de …
et j'ai aussi le droit de …
mais je n'ai pas le droit de …
À mon avis, ce n'est pas juste!
Que dois-je faire?

You don't have to be deadly serious or completely truthful for this task. You can have a little bit of fun with it if you like!

○ *Explaining what's important to you*

○ *Using* mon, ma *and* mes

1 Qui est-ce? Écoute et écris le bon prénom. (1–4)

Lucas, 14 ans

l'argent

mes études

l'état de la planète

Manu, 15 ans

la santé

la musique

la pauvreté dans le monde

Karima, 14 ans

le foot, le foot et le foot

la violence   le racisme

Zahra, 16 ans

ma famille   mes amis

mon chien

la cruauté envers les animaux

2 Copie les titres. Fais une liste de tes priorités dans la vie.

Mes priorités sont ...	Je n'aime pas du tout ...

 Use a dictionary to make your response to exercise 2 as personal as you can. Make a list of your priorities in English. If you don't know a word in French, look it up in the English–French section of a bilingual dictionary.

Studio Grammaire

Page 112

	my	your
masculine	mon chien	ton chien
feminine	ma famille	ta famille
plural	mes amis	tes amis

3 En tandem. Fais trois dialogues.

● *Quelles sont tes priorités dans la vie ?*

■ *Mes priorités sont d'abord, ... et puis ...*

■ *Je n'aime pas du tout ...*

A

B

C

④ Lis le texte. Quelles photos **ne** sont **pas** mentionnées?

Sauvons les animaux!

Dans la vie, mes priorités sont d'abord ma famille et mes amis, et puis les animaux. J'ai trois animaux domestiques: un chien, un chat et un rat. J'adore mes animaux. Ils sont super mignons.

Je n'aime pas du tout la cruauté envers les animaux et je suis membre du World Wildlife Fund. Ma famille a adopté un ours polaire. C'est trop cool!

Un jour, je voudrais participer au «Pandathlon». Le but du «Pandathlon», c'est de collecter de l'argent pour les programmes de conservation du WWF en France.

Plus tard, je voudrais travailler pour le WWF. Ce serait génial.

Chloé

je suis membre	*I am a member*
un ours polaire	*a polar bear*
le but	*the goal*
WWF	*an international conservation charity*

⑤ Relis le texte et choisis le bon mot pour compléter chaque phrase.

1 Les priorités de Chloé sont d'abord sa famille, ensuite ses amis et puis les animaux/la musique.
2 Elle n'aime pas du tout la cruauté envers les enfants/les animaux.
3 Elle est membre de l'UNICEF/du WWF.
4 Sa famille a adopté un ours polaire/un ours en peluche.
5 On fait le «Pandathlon» pour collecter de l'argent/collecter les animaux.
6 Chloé pense que travailler au WWF serait super/nul.

⑥ Écoute Loïc. Complète le texte en anglais.

Loïc's priorities are, first of all, his ❶▅▅, next ❷▅▅ and then ❸▅▅. He doesn't like ❹▅▅ so he is a member of UNICEF, who protect children's rights all over the ❺▅▅.

les droits de l'enfant
children's rights

⑦ Imagine que tu es Khadija ou Olivier. Écris un paragraphe sur tes priorités dans la vie et ce que tu n'aimes pas.

Prénom: Khadija
Âge: 14
♥ mes amis, ma famille, mes études
✗ le racisme
Membre: SOS Racisme

Prénom: Olivier
Âge: 14
♥ la musique, le foot, l'argent
✗ l'état de la planète
Membre: Greenpeace

Je m'appelle...
J'ai... ans.
Dans la vie, mes priorités sont d'abord..., ensuite... et puis...
Je n'aime pas du tout... et je suis membre de l'organisation...

3 Tu aimes le shopping?

- Talking about things you buy
- Using three tenses together

1 Écoute et écris la bonne lettre. (1–6)

a

J'achète des produits écolos.

b

J'achète des produits du commerce équitable.

c

J'achète des jeux vidéo et des DVD.

d

J'achète des produits que j'aime.

e

J'achète des produits d'occasion.

f

J'achète des vêtements ou des chaussures.

d'occasion	second-hand
que	that

2 En tandem. Joue! Fais la plus longue phrase possible!

Exemple:

● *Quand tu fais du shopping, qu'est-ce que tu achètes?*

■ *J'achète des produits que j'aime, des DVD, des produits écolos …*

 To help you remember this question, think about it as a rhythm, like fingers clicking or a clock ticking.

Kon-tu-feh-du-sho-ping – kes-ke-tu-ash-ette?

3 Écoute. Copie et complète le tableau en anglais. (1–3)

1 Rémi **2** Aïcha **3** Gabriel

	often buys …	sometimes buys …
1 Rémi		

souvent	often
quelquefois	sometimes

4 Écris les phrases.

Exemple: **1** J'achète souvent des produits écolos et quelquefois, j'achète des produits d'occasion.

	souvent	*quelquefois*
1		
2		
3		

Écoute et lis les textes. (1–4)

 En général, j'achète des produits que j'aime. J'aime faire mon choix. C'est important pour moi. Hier, par exemple, j'ai acheté du crédit pour mon portable. La semaine prochaine, je vais acheter un mp3. Génial! **Adrien**

J'aime faire du shopping parce que j'adore la mode. En général, j'achète des vêtements d'occasion. Le weekend dernier, j'ai acheté un tee-shirt d'occasion et demain, je vais acheter des chaussures. **Samir**

 En général, j'achète des produits écolos parce que l'environnement, c'est une de mes priorités. Le weekend dernier, j'ai acheté un sac fabriqué avec des canettes de boissons gazeuses recyclées. C'est cool! La semaine prochaine, je vais acheter du papier recyclé. **Lola**

 En général, je n'achète pas beaucoup de choses. Je recycle et je réutilise les choses. Le weekend dernier, je n'ai rien acheté et la semaine prochaine, je ne vais rien acheter! **Fifi**

mon choix	*my choice*
des canettes	*cans*
ne ... rien	*nothing*

 Page 113

Using three tenses:

present	*En général, j'achète ...*	Usually, I buy ...
perfect	*Hier, j'ai acheté ...*	Yesterday, I bought ...
near future	*Demain, je vais acheter ...*	Tomorrow, I am going to buy ...

6 **Relis les textes. Copie le tableau. Qui achète quoi? Écris les lettres dans la bonne colonne.**

		has bought	usually buys	is going to buy
1	Adrien			
2	Samir			
3	Lola			
4	Fifi			

a   b   c   d   e   f   g **rien** h   i   j

7 **Écris un paragraphe sur tes achats.**
- Say what you usually buy.
- Say what you bought yesterday.
- Say what you are going to buy next week.

 You can work out which tense a verb is in by:
- *looking carefully at the verb itself*
- *looking at the time expression used with it.*

En général,	***j'achète***	*du crédit pour mon portable.*
Hier , *Le weekend dernier,* *La semaine dernière,*	***j'ai acheté***	*des produits écolos.* *des produits du commerce équitable.* *des jeux vidéo et des DVD.* *des produits que j'aime.*
La semaine prochaine, *Le weekend prochain,*	***je vais acheter***	*des produits d'occasion/des vêtements d'occasion.* *des vêtements ou des chaussures.*

4 Le bonheur, c'est ...

- Describing what makes you happy
- Using infinitives to mean '–ing'

 1 Lis et trouve la bonne photo pour chaque personne.

Exemple: Éric – c

Qu'est-ce que c'est pour toi, le bonheur?

Pour moi, le bonheur, c'est de retrouver mes copains en ville. **Éric**

Pour moi, le bonheur, c'est de faire les magasins! **Margaux**

Pour moi, le bonheur, c'est de jouer au foot. **Farid**

Pour moi, le bonheur, c'est d'être en famille. **Cécile**

Pour moi, le bonheur, c'est d'être avec mon chien. **Arthur**

Pour moi, le bonheur, c'est de partir en vacances. **Léa**

 2 Écoute. Qui parle? Écris le bon prénom de l'exercice 1. (1–6)

 3 En tandem. Joue au «bip» de mémoire! Utilise les phrases de l'exercice 1.

Exemple:
- Pour moi, le bonheur, c'est de faire les **BIP**.
- Pour moi, le bonheur, c'est de faire les magasins.
- Pour moi, le bonheur, c'est d'être en **BIP**.
- Pour moi, ...

Studio Grammaire

The infinitive of a verb often means '–ing'.

To use *c'est* followed by an infinitive, put *de* between the two of them.

Pour moi, le bonheur, c'est de jouer au foot. — For me, happiness is play**ing** football.

de shortens to *d'* if the infinitive starts with a vowel.

Pour moi, le bonheur, c'est d'être en famille. — For me, happiness is be**ing** with my family.

 4 Écris cinq phrases sur le bonheur. Utilise les mots à droite.

Pour moi du skate jouer du R&B de/d' de la pizza écouter danser manger c'est le bonheur faire sur ma Playstation

 Écoute et complète le tableau. (1–6)

Exemple:

	what makes him/her happy?	reason
1	playing football	c

c … parce que c'est mon sport préféré.

d … parce que j'adore acheter des vêtements.

e … parce que c'est mon meilleur ami.

f … parce que je m'entends bien avec mes parents et mon frère.

a … parce que j'adore le soleil.

b … parce qu'on s'amuse bien ensemble.

 Traduis les raisons de l'exercice 5 en anglais. Utilise un dictionnaire, si nécessaire.

Exemple: **a** … because I love the sunshine.

 Lis le texte et réponds aux questions.

Je m'appelle Max et suis québécois. Pour moi, le bonheur, c'est de jouer au hockey (c'est-à-dire, le hockey sur glace). C'est le sport national canadien et j'ai commencé à en faire à l'âge de neuf ans. Je joue dans une ligne et il y a des matchs chaque semaine. J'adore le hockey, parce que c'est un sport très rapide. Mais c'est aussi un sport dangereux, alors il faut porter des vêtements protecteurs.

1 Ice hockey is the national sport of which country?
2 When did Max start playing ice hockey?
3 How often are there matches?
4 Why does he enjoy it?
5 What is the disadvantage of ice hockey?

 Qu'est-ce que c'est pour toi, le bonheur? En secret: écris une phrase et donne une raison.

Exemple:

Pour moi, le bonheur, c'est d'aller à la pêche, parce que c'est génial.

Giving reasons will help boost your marks in speaking and writing!

In exercise 8, try to use language you know. Look back at things you have learned to say in previous modules.

 Ton/Ta prof te donne la réponse d'un(e) de tes camarades. Lis la réponse à voix haute. La classe devine qui c'est.

Your teacher gives you one of your classmates' answers. Read it aloud. The class guesses who it is.

Exemple:

● «Pour moi, le bonheur, c'est d'aller à la pêche, parce que c'est génial.»
■ Jamie, c'est toi?
● Non, ce n'est pas moi./Oui, c'est moi.

Bilan

Unité 1

I can

- say what I am allowed to do: *J'ai le droit de sortir avec mes copains le weekend.*
- say what I am not allowed to do: *Je n'ai pas le droit d'aller sur Facebook.*
- ☐ use *j'ai le droit de* + infinitive: *J'ai le droit de regarder la télé dans ma chambre.*

Unité 2

I can

- say what's important to me: *Mes priorités sont l'argent et mes amis.*
- talk about my concerns: *Je n'aime pas du tout l'état de la planète.*
- ☐ use *mon, ma, mes* correctly: *mon chien, ma famille, mes études*

Unité 3

I can

- talk about things I usually buy: *En général, j'achète des produits écolos.*
- say what I bought last weekend: *Le weekend dernier, j'ai acheté des DVD.*
- say what I am going to buy next weekend: *Le weekend prochain, je vais acheter des chaussures.*
- use present, past and future time expressions: *en général, hier, la semaine prochaine*
- ☐ use different tenses to refer to the present, past and future: *J'achète des produits que j'aime.*
  J'ai acheté des jeux vidéo.
  Je vais acheter des produits d'occasion.

Unité 4

I can

- say what makes me happy: *Pour moi, le bonheur, c'est de jouer au foot/de partir en vacances.*
- give reasons: *parce que c'est mon sport préféré*
  parce que j'adore le soleil
- ☐ use infinitives to mean '–ing':   *Pour moi, le bonheur, c'est d'être en famille/c'est de faire les magasins.*

1 **Écoute et complète le tableau. (1–4)**

a   **b**  **c**  **d**  **e**

f   **g**  **h**

	is allowed to ...	is not allowed to ...
1		e

2 **En tandem. Fais une conversation. Utilise les questions suivantes.**

- *Quelles sont tes priorités dans la vie?*
- *Quand tu fais du shopping, qu'est-ce que tu achètes?*
- *Qu'est-ce que c'est pour toi, le bonheur?*

Exemple:

- *Quelles sont tes priorités dans la vie?*
- *Mes priorités sont ma famille et mes études. Je n'aime pas du tout le racisme.*

3 **Lis le texte et complète les phrases en anglais.**

> Je m'appelle Baptiste. J'ai quatorze ans. Tous les weekends, je fais du shopping. En général, j'achète des produits que j'aime. Quelquefois, j'achète des jeux vidéo ou des DVD d'occasion. Quand je vais au supermarché, j'achète des produits écolos, parce que l'environnement, c'est une de mes priorités. Je n'achète pas souvent de vêtements, mais le weekend dernier, j'ai acheté une paire de chaussures. Le weekend prochain, je vais acheter du crédit pour mon portable.

1 Every weekend, Baptiste ▆▆▆.

2 Sometimes, he buys second-hand ▆▆▆ or ▆▆▆.

3 At the supermarket, he buys 'green' products, because ▆▆▆.

4 He doesn't often buy ▆▆▆.

5 Last weekend, he bought ▆▆▆.

6 Next weekend, he is going to buy ▆▆▆.

4 **Écris des phrases sur le bonheur pour trois célébrités ou personnages.**

Exemple:

Mercedes Jones: Pour moi, le bonheur, c'est de participer au Glee Club, parce que j'adore chanter.

Écoute et lis.

L'histoire d'Enfants Entraide

En 1995, à l'âge de 12 ans, Craig Kielburger a fondé Enfants Entraide. La mission d'Enfants Entraide est de lutter contre le travail des enfants.

Craig Kielburger habite à Toronto. Un jour, il a vu dans le journal la photo d'un garçon de son âge: Iqbal Masih. Craig a lu l'histoire tragique d'Iqbal.

Iqbal est né au Pakistan. À l'âge de quatre ans, il a été vendu comme esclave par ses parents. Il a été forcé à fabriquer des tapis.

Après six ans, Iqbal s'est évadé. Il a voyagé partout dans le monde, pour lutter contre le travail des enfants. Mais il a été assassiné à l'âge de 12 ans, par «la mafia des tapis».

Choqué par l'histoire d'Iqbal, Craig a décidé de faire quelque chose. Il a décidé de fonder Enfants Entraide. Aujourd'hui, un million de jeunes profitent des programmes d'éducation et de développement d'Enfants Entraide.

a fondé	founded
est né	was born
s'est évadé	escaped

Don't be put off when faced with a difficult text. Rather than focusing on the words you don't know, start by picking out the things you can understand.

Fais correspondre les expressions françaises et anglaises. Utilise un dictionnaire.

Match up the French and English expressions. Use a dictionary.

1 lutter contre
2 dans le journal
3 vendu comme esclave
4 fabriquer des tapis
5 partout dans le monde
6 il a été assassiné
7 profitent de

a he was murdered
b to make carpets
c benefit from
d all over the world
e sold as a slave
f to fight against
g in the newspaper

Relis le texte et choisis la bonne réponse.

1 En 1995, Craig Kielburger avait 10 ans/12 ans.
2 L'organisation que Craig a fondée s'appelle Oxfam/Enfants Entraide.
3 La ville canadienne où habite Craig s'appelle Toronto/Montréal.
4 Le garçon sur la photo dans le journal s'appelle Iqbal Masih/Amir Khan.
5 Le garçon sur la photo est né au Canada/au Pakistan.

Complète les phrases suivantes. Utilise tes réponses aux exercices 2 et 3.

1 Craig Kielburger founded Enfants Entraide at the age of ▮▮▮ .

2 The mission of Enfants Entraide is to ▮▮▮ child labour.

3 Craig read about the story of Iqbal Masih in ▮▮▮ .

4 At four years old, Iqbal was ▮▮▮ by his parents.

5 He was forced to ▮▮▮ .

6 After six years, Iqbal ▮▮▮ .

7 He travelled ▮▮▮ to fight against child labour.

8 When he was 12 years old, Iqbal ▮▮▮ .

Trouve la deuxième partie de chaque question et copie les questions.

Exemple: **1** À quel âge as-tu fondé Enfants Entraide?

1 À quel âge as-tu | l'histoire d'Iqbal Masih?

2 Quelle est la mission | fondé Enfants Entraide?

3 Où as-tu lu | profitent des programmes d'Enfants Entraide?

4 À quel âge | est-ce qu'il a été assassiné?

5 Combien de jeunes | d'Enfants Entraide?

Écoute et vérifie. (1–5)

En tandem. Invente une interview avec Craig Kielburger. Utilise les questions de l'exercice 5.

Exemple:

● *À quel âge as-tu fondé Enfants Entraide?*

▮ *J'ai fondé Enfants Entraide à l'âge de 12 ans.*

To answer questions 1 and 3, you will need to change the verb forms from the text:

Craig Kielburger a fondé ...** → **J'ai fondé ...

Craig a lu ...** → **J'ai lu ...

Cherche sur Internet des images et des informations sur Craig Kielburger, Enfants Entraide et Iqbal Masih.

Dessine un poster sur le sujet suivant: «On n'est jamais trop jeune pour changer le monde.» Utilise les résultats de tes recherches.

Design a poster on this topic: 'You're never too young to change the world.' Use the findings from your research.

Exemple:

Je parle

Je parle

Your challenge!

What is important to you?

You want to be a contestant on a French reality-tv show. The producers have asked you to make a short video presentation about yourself. They want you to be positive. You really want to impress them.

Here are some ideas for what you might say.

- Give a few personal details (name, age, where you live, etc.).
- Say what your priorities are in life and what makes you happy.
- Mention one thing you really don't like.
- Mention something you will do one day.

Plan: Get your ideas down on paper.

Organise your ideas: What will you start with? What next? How will you finish?

Select: Choose the words and phrases you will need.

Memorise: Rehearse what you are going to say and memorise it.

1 Find the personal details in this word snake. Write down your own personal details.

Jem'appelleÉric.J'aiquinzeansetj'habiteàBoulogne,danslenorddelaFrance.J'yhabitedepuisdixans.

2 Unjumble these people's priorities in life.

Mes priorités sont …

1 sem misa 2 am lleifma 3 sem xuinama 4 nom hicne 5 al siueqmu 6 el toobllaf

3 Complete this sentence, giving three of your own priorities.

Mes priorités sont d'abord …, ensuite … et puis …

4 Decode the things that make people happy. Then write one sentence about what makes you happy.

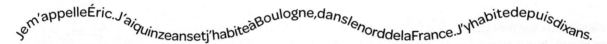

1 Pour moi, le bonheur, c'est d'être en famille.
2 Pour moi, le bonheur, c'est d'être avec mon chien.
3 Pour moi, le bonheur, c'est de faire les magasins.
4 Pour moi, le bonheur, c'est de jouer au foot.
5 Pour moi, le bonheur, c'est de partir en vacances.
6 Pour moi, le bonheur, c'est de retrouver mes copains.

5 Find five opinions in this heart. Choose one to use in your presentation to say why something makes you happy.

J'aimeça,c'estbien.
Jetrouveçagénial.
Jetrouveçasuper.
C'estmapassion.
J'adoreça.

6 Match up the things people don't like to the illustrations.
Write a sentence you will use in your presentation.

1 Je n'aime pas du tout le racisme.

2 Je n'aime pas du tout la pauvreté dans le monde.

3 Je n'aime pas du tout l'état de la planète.

4 Je n'aime pas du tout la violence.

5 Je n'aime pas du tout la cruauté envers les animaux.

a  b

c   d   e

7 Write these sentences in the near future tense the right way round.
Then write a similar sentence for your presentation.

1 .lainég ertê av aÇ .epuoledauG ne rella siav ej ,ruoj nU

2 .repus ertê av aÇ .ednom ud ruot el eriaf siav ej ,ruoj nU

3 .looc ertê av aÇ .sinU-statÉ xua rella siav ej ,rouj nU

4 .tnasserétni ertê av aÇ .etolip ertê siav ej ,ruoj nU

5 .pot ertê av aÇ .lagénéS ua rella siav ej ,ruoj nU

8 Listen to Jamel's presentation. Fill in the gaps.

Coucou! Je m'appelle Jamel. **❶** ▬▬ quinze ans et j'habite à Toulouse,
dans le sud-ouest de la France. J'y habite **❷** ▬▬ dix ans.
Mes priorités dans la vie sont mes amis, ma famille **❸** ▬▬ mon chat.
Pour moi, le vrai **❹** ▬▬, c'est de jouer au foot. C'est top.
Je n'aime **❺** ▬▬ le racisme. J'ai horreur de ça.
Un jour, je vais aller aux États-Unis où je vais **❻** ▬▬ un camp de football.
Ça va être cool.

bonheur pas du tout et j'ai faire depuis

9 Now draft your own presentation for the challenge. Check that what you have written is accurate and makes sense. Use the vocabulary and phrases you've collected in the previous exercises.

10 Now memorise your presentation and rehearse it!

You can write your answer out in full first if you want to, but then try to write key headings so that you can present your talk more naturally.

The task very clearly prompts you to use different tenses:

- *Give a few personal details (name, age, where you live, etc.) – present tense.*
- *Say what your priorities are in life and what makes you happy – present tense.*
- *Mention something you are going to do one day – near future tense.*

Studio Grammaire

avoir

avoir (to have) is a very useful irregular verb.

j'ai	I have
tu as	you have
il/elle/on a	he/she has/we have

There are lots of common expressions which use *avoir*.

avoir le droit de   to be allowed to

J'ai le droit d'aller sur des forums.   I am allowed to go on forums.

1 Follow the lines to find the translations for these expressions.

1	*avoir chaud*	to be right
2	*avoir froid*	to be allowed to
3	*avoir peur*	to hate
4	*avoir raison*	to be cold
5	*avoir tort*	to have the opportunity to
6	*avoir l'occasion de*	to be hot
7	*avoir horreur de*	to be frightened
8	*avoir le droit de*	to be wrong

2 Write out the sentences with the correct form of *avoir*. Translate the sentences into English.

1 *J'▆▆▆ chaud.*

2 *Tu ▆▆▆ froid?*

3 *J'▆▆▆ horreur des légumes.*

4 *Elle ▆▆▆ peur des vampires.*

5 *Tu ▆▆▆ tort!*

6 *Il ▆▆▆ raison.*

7 *Tu ▆▆▆ le droit de sortir seul?*

8 *On ▆▆▆ l'occasion de visiter l'Espagne.*

Possessive adjectives

The words for 'my', 'your' and 'his/her' are different, depending on whether the noun is masculine, feminine or plural.

	masculine	feminine	plural
my	**mon** père	**ma** mère	**mes** parents
your	**ton** père	**ta** mère	**tes** parents
his/her	**son** père	**sa** mère	**ses** parents

3 Copy the sentences, using the correct possessive adjective.

1 *Je regarde les photos de mon/ma/mes copains.*

2 *Je prends mon/ma/mes caméra et mon/ma/mes micro et je filme les gens.*

3 *Mon/Ma/Mes mère pense que parler une autre langue, c'est important.*

4 *Il aime son/sa/ses boulot parce que c'est motivant.*

5 *Qui est ton/ta/tes chanteur préféré?*

6 *Son/Sa/Ses sœur s'appelle Nathalie.*

Using a variety of structures

You use an infinitive after all of these structures:

- likes and dislikes: *j'aime* (I like), *j'adore* (I love), *je n'aime pas* (I don't like), *je déteste* (I hate)
- modal verbs: *je veux* (I want), *je peux* (I can), *je dois* (I must)
- *je voudrais* (I would like)
- the near future tense: *je vais* (I am going to)

4 Write these sentences correctly using the English translations to help you.

1	*vais* *aller* *Je* *à* *fac* *la* .	I am going to go to university.
2	*dans* *Je* *un* *veux* *autre* *travailler* *pays* .	I want to work in another country.
3	*voudrais* *Je* *à* *étranger* *l'* *habiter*	I would like to live abroad.
4	*sur* *n'* *pas* *Je* *aime* *Internet* *surfer* .	I don't like surfing the net.
5	*devoirs* *mes* *tous* *faire* *les* *dois* *soirs* *Je* .	I have to do my homework every night.

Using different time frames: Which tense to use?

Present	*Je passe des heures sur Facebook.* I spend hours on Facebook .
Perfect	*Le weekend dernier, j'ai pris le bus et je suis allé(e) au centre-ville.* Last weekend I took the bus and went to town .
Near future	*Je vais manger cinq portions de fruits par jour.* I am going to eat five portions of fruit per day.

5 Which tense is needed in each gap? Write PR for present, PER for perfect or F for future. Use the time expressions and context to help you decide.

> Normalement, le samedi soir, je (1) ___ au cinéma avec mes amis. Après, on (2) ___ un hamburger ou quelquefois, on (3) ___ au babyfoot. Mais samedi dernier, je (4) ___ à un concert de rock. C'était génial. Dimanche dernier, j' (5) ___ de la musique, puis j' (6) ___ mes devoirs. L'année prochaine, en mars, je (7) ___ à un autre concert de rock, cette fois, Motörhead. Je vais danser et je (8) ___ .
>
> **Colette**

6 Fill in each gap in exercise 5, using a verb from the list that makes sense.

ai fait *vais aller* *vais* *mange* *joue* *vais chanter* *suis allée* *ai écouté*

7 Look carefully at the context and put the verbs in brackets into the correct tense.

> Normalement, je (1) (*aller*) en vacances à la montagne parce que j' (2) (*aimer*) faire de l'escalade. L'année dernière, j' (3) (*faire*) un stage d'alpinisme et c'était génial.
> Mais cette année, je ne vais pas aller à la montagne: je (4) (*aller*) au bord de la mer en Espagne. On (5) (*voyager*) en voiture, donc je (6) (*prendre*) mon mp3. Mon frère dit qu'il ne fait pas toujours beau en Espagne au mois d'août; quelquefois, il y (7) (*avoir*) du vent, alors je (8) (*prendre*) un pull et un bonnet!

Vocabulaire

Mes droits • *My rights*

J'ai le droit …	*I have the right/I am allowed …*
Je n'ai pas le droit …	*I don't have the right/ I am not allowed …*
d'aller au MacDo avec mes copains.	*to go to McDonald's with my friends.*
d'aller sur des forums.	*to go on forums.*
d'aller sur Facebook.	*to go on Facebook.*
de jouer à des jeux vidéo le soir.	*to play video games in the evening.*
de regarder la télé dans ma chambre.	*to watch TV in my bedroom.*
de sortir avec mes copains le weekend.	*to go out with my friends at the weekend.*
de sortir seul(e).	*to go out by myself.*
de surfer sur Internet une heure par jour.	*to surf the internet for one hour a day.*

Mes priorités • *My priorities*

Mes priorités sont …	*My priorities are …*
le foot.	*football.*
la musique.	*music.*
la santé.	*health.*
l'argent.	*money.*
mon chien.	*my dog.*
ma famille.	*my family.*
mes amis.	*my friends.*
mes études.	*my studies/schoolwork.*

Je n'aime pas du tout … • *I really dislike …*

le racisme.	*racism.*
la cruauté envers les animaux.	*cruelty to animals.*
la pauvreté dans le monde.	*poverty in the world.*
la violence.	*violence.*
l'état de la planète.	*the state of the planet.*

Les achats • *Shopping*

J'achète …	*I buy …*
J'ai acheté …	*I bought …*
Je vais acheter …	*I'm going to buy …*
des jeux vidéo et des DVD.	*video games and DVDs.*
des vêtements ou des chaussures.	*clothes or shoes.*
des produits du commerce équitable.	*fair-trade products.*
des produits d'occasion.	*second-hand products.*
des produits écolos.	*'green' products.*
des produits que j'aime.	*products that I like.*

Quand? • *When?*

en général	*generally, usually*
hier	*yesterday*
le weekend dernier	*last weekend*
la semaine dernière	*last week*
demain	*tomorrow*
le weekend prochain	*next weekend*
la semaine prochaine	*next week*

Le bonheur • *Happiness*

Pour moi, le bonheur, c'est …	*For me, happiness is …*
d'aller à la pêche.	*going fishing.*
d'être avec mon chien.	*being with my dog.*
d'être en famille.	*being with my family.*
de danser.	*dancing.*
de faire les magasins.	*going shopping.*
de jouer au foot.	*playing football.*
de manger de la pizza.	*eating pizza.*
de partir en vacances.	*going on holiday.*
de retrouver mes copains.	*meeting up with my friends.*

Les mots essentiels • *High-frequency words*

à mon avis	*in my opinion*
avec	*with*
c'est	*it is*
d'abord	*first of all*
j'ai	*I have/I've got*
mon/ma/mes	*my*
parce que	*because*
pour moi	*for me*
pour toi	*for you*
puis	*then*
quelquefois	*sometimes*
souvent	*often*

1 **Copie et complète le texte.**

Coucou, je m'appelle Yanis. J'ai **1** ans. Je suis assez **2** 💡 et très sympa. J'ai les yeux

3  et **4** 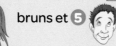 bruns et **5** 😀. À mon avis, je suis assez beau!

intelligent   les cheveux   marron   courts   quatorze

2 **Écris un paragraphe en français pour chaque personne. Utilise le texte de l'exercice 1 comme modèle.**

Write a paragraph in French for each person. Use the text from exercise 1 as a model.

*If you are having trouble remembering the adjectives, look back at the **Vocabulaire** pages for Module 1 on pages 28–29.*

Noah
Age: 15
Personality:
quite sporty, very intelligent, not shy

Olivia
Age: 14
Personality: quite beautiful, very funny, not moody

Quentin
Age: 14
Personality: quite kind, very sporty, very good-looking

3 **Fais correspondre les phrases et les images.**

1 Je fais des quiz.
2 J'invite mes copains à sortir.
3 Je regarde les photos de mes copains.
4 Je poste des messages à mes copains.
5 Je modifie mes préférences.
6 Je commente des photos.

a  **b**  Coucou! Ça va? **c** L'album de Sara. **d**  Tu es belle! **e**  Tu es invité **f**  Es-tu un(e) bon(ne) ami(e)? A ___ B ___ C ___

4 **Écris des textes pour Salim et Fatima. Utilise les images de l'exercice 3.**

Exemple:

> Charlotte: Tous les jours, je <u>regarde les photos de mes copains</u> et une ou deux fois par semaine, je <u>modifie mes préférences</u>. Quelquefois, je <u>fais des quiz</u>.

	tous les jours	*une ou deux fois par semaine*	*quelquefois*
Charlotte	c	a	f
Salim	b	f	c
Fatima	d, e	b	a

Lis le texte. Copie et complète les phrases en anglais.

Tu aimes Facebook?

Facebook, c'est le réseau social le plus populaire du monde avec six-cent millions de membres en 2010.

Avec Facebook, on peut se connecter facilement avec ses amis, sa famille, les amis de ses amis …

L'utilisateur moyen a cent-trente amis. Il reste plus de cinquante-cinq minutes par jour sur Facebook et clique neuf fois par jour sur le bouton «j'aime».

En France, il y a plus de quinze millions de personnes qui utilisent Facebook.

1 Facebook is the most popular social network in the world with ▇▇▇ members in 2010.

2 With Facebook, you can connect easily with your ▇▇▇ , your ▇▇▇ and your friends' friends.

3 The average user has ▇▇▇ friends.

4 The average user spends more than ▇▇▇ per day on Facebook.

5 The average user clicks the ▇▇▇ button nine times per day.

6 In France, there are more than ▇▇▇ Facebook users.

Lis les textes. C'est vrai (V) ou faux (F)?

Medhi: Samedi, je suis allé à une fête avec Louise. J'ai dansé et j'ai chanté. C'était sympa.

Anaïs: Dimanche, j'ai joué au bowling avec Édouard. Après, j'ai mangé un hamburger. C'était bien.

Colin: Je suis allé au cinéma avec Sophie. J'ai vu un film d'horreur. C'était nul.

Alexis: Je suis allée en ville avec Lucas. J'ai mangé de la pizza. C'était délicieux.

1 Anaïs a joué au bowling avec Édouard.

2 Alexis a dansé et chanté.

3 Medhi est allé à une fête avec Louise.

4 Colin a vu un film d'horreur.

5 Anaïs a mangé de la pizza.

6 Alexis est allée au cinéma avec Lucas.

Écris des phrases pour chaque personne.

Exemple:

1 Samedi, j'ai joué au bowling avec Romain.
Après, j'ai mangé un hamburger.
C'était génial.

1 avec Romain

2 avec Léo

3 avec Aïcha

4 avec Larisa

C'est quelle partie du corps?

Exemple: **1** la bouche (n)

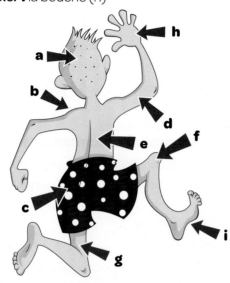

1 la bouche	**4** l'épaule	**7** les yeux	**10** le genou	**13** la tête
2 le bras	**5** les oreilles	**8** le front	**11** la jambe	**14** le pied
3 le dos	**6** les fesses	**9** le nez	**12** la main	

Écris correctement les phrases.

1 va Au manger camp des fitness, fruits. on

2 boire Au de va l'eau. camp on fitness,

3 manger on des va légumes. Au fitness, camp

4 régulièrement. Au camp faire fitness, va on sport du

5 camp sucreries. fitness, de on ne manger pas va Au

6 Au manger camp pas va de fitness, frites. ne on

Regarde le tableau. Écris un paragraphe pour Flavie et Romain.

Exemple:

Je m'appelle Flavie. Je mange des ... et des ... et j'adore
les ..., mais je ne mange pas de ... et je ne bois pas de ....

	🍌	🥦	🥧	🫐	🍬	Chips	🥤
Flavie	✓	✓		❤	✗		✗
Romain		✓	❤	✓		✗	✗

Lis le texte. C'est vrai (V) ou faux (F)?

1 David préfère son ordinateur au fitness.
2 David est actif.
3 David ne mange pas sain.
4 David mange cinq portions de fruits ou de légumes par jour.
5 David boit beaucoup d'eau.
6 David va à la salle de gym de temps en temps.

Moi, je suis fan d'informatique. Le fitness ne m'intéresse pas du tout.

Je ne suis pas très actif, mais je mange assez sain: cinq portions de fruits ou de légumes par jour, etc. et je bois beaucoup d'eau. Je ne vais jamais dans une salle de sport parce que ça ne m'intéresse pas. Je préfère surfer sur Internet. Il ne faut pas me critiquer. Je suis comme je suis.

David

Lis le texte. Complète les phrases en anglais.

P8ntbox: Parle-nous du paintball.
Brandon Short: Le paintball, c'est ma vie et ma passion. J'aime jouer, voyager et gagner.
P8ntbox: Ton conseil pour les nouveaux joueurs?
Brandon Short: Mon meilleur conseil est la pratique, la pratique et la pratique.
P8ntbox: Tes ambitions pour l'avenir?
Brandon Short: Remplir mon passeport avec des visas. Voyager et remporter la World Cup pour la troisième fois!

1 Brandon says that paintball is his life and his ▇▇.
2 He likes to play, to travel and to ▇▇.
3 The best piece of advice he can give new players is ▇▇.
4 In the future, he wants to fill his passport with ▇▇.
5 He wants to travel and to win the World Cup for ▇▇.

> **!** Don't be put off if there are words you don't know in the interview in exercise 2. Use the questions to help you understand the gist of the passage and just look for the piece of information you are being asked for.

Écris un paragraphe pour chaque personne.

Exemple:

Je m'appelle <u>Axel</u>. En général, j'aime les chips et les <u>sucreries</u>, mais je vais changer ma vie.
Alors à l'avenir, d'abord, je ne vais pas manger de chips et je ne vais pas boire de boissons gazeuses.
Ensuite, je vais faire trente minutes d'exercice par jour.

Axel
En général,

mais je vais changer ma vie
À l'avenir,

Sierra
En général,

mais je vais changer ma vie
À l'avenir,

Collège

Gilles
En général,

mais je vais changer ma vie
À l'avenir,
X2

Décode les jobs et copie les phrases. Puis trouve la bonne photo pour chaque phrase.

Exemple: **1** Je voudrais être pilote. (f)

1 Je voudrais être p△l□t✚.
2 Je voudrais être w✚bd✚s△gn✚r.
3 Je voudrais être v◆t◆r△n▮△r✚.
4 Je voudrais être △ng◆n△✚★r.
5 Je voudrais être g★ △d✚ t□★r△st△q★✚.
6 Je voudrais être d△r✚ct✚★r d✚ m▮g▮s△n.

Code	
a	▮
e	✚
é	◆
i	△
o	□
u	★

a b c d e f

Copie et complète les phrases.

1 Avec les langues, on peut

2 On peut travailler dans

3 On peut habiter à

4 On peut communiquer avec les

5 On peut comprendre

6 On peut regarder la télévision

jeunes de son âge.   voyager.

dans une autre langue.   l'étranger.

les gens.   un autre pays.

Lis les phrases. C'est logique ou pas logique? Écris L ou PL.

1 J'aime mon job parce que c'est créatif.
2 Je n'aime pas mon job parce que c'est intéressant.
3 Je n'aime pas mon job parce que c'est ennuyeux.
4 Je n'aime pas mon job parce que c'est varié.
5 J'aime mon job parce que ce n'est pas motivant.
6 Je n'aime pas mon job parce que ce n'est pas stimulant.

Corrige les phrases de l'exercice 3 qui ne sont pas logiques. Utilise tes propres idées.

Correct the sentences from exercise 3 that aren't logical. Use your own ideas.

*Remember, **ne** (or **n'**) **... pas** around the verb makes a sentence negative:*

C'est motivant. – *It's motivating.*
Ce n'est pas motivant. – *It's not motivating.*

To make the sentences logical, you can change either the opinion or the reason.

 1 **Lis les textes et complète le tableau.**

Exemple:

> Coucou! Je m'appelle Anaïs et j'ai quatorze ans. Dans deux ans, je vais quitter le collège et je vais travailler dans un supermarché.

> Je m'appelle Frédéric et j'ai quinze ans. Dans un an, je vais quitter le collège et je vais faire un apprentissage.

> Salut! Je m'appelle Nadia et j'ai quatorze ans. Dans un an, je vais aller au lycée et dans trois ans, je vais faire des études à la fac.

a COLLÈGE

b LYCÉE

 c   d   e

	when?	what?	then what?
Anaïs	in 2 years	a	...

 2 **Lis les textes et réponds aux questions. Écris le bon prénom.**

> Je voudrais être chef cuisinier, parce que j'adore cuisiner. Ma spécialité, c'est les pizzas! Mon père est chauffeur de taxi, mais je ne voudrais pas faire ça. À mon avis, ce serait ennuyeux. **Abdoul**

> Moi, j'adore le soleil! Alors, je voudrais être réceptionniste dans un hôtel en Espagne ou au Portugal. À mon avis, ce serait stimulant. **Astrid**

> Je voudrais être professeur de sport parce que j'aime les enfants et j'adore le sport! Je ne voudrais pas être secrétaire parce que je n'aime pas les ordinateurs. **Jade**

Qui ...

1 voudrait travailler dans un collège?
2 voudrait travailler à l'étranger?
3 aime préparer des plats italiens?

4 voudrait travailler dans le tourisme?
5 n'aime pas la technologie?
6 ne voudrait pas faire le même boulot que son père?

> **le même boulot que**   the same job as

 3 **Regarde le tableau. Écris des phrases pour Vincent, Nadia ... et toi!**

Exemple:

> Je m'appelle Vincent. Je voudrais être ... parce que ... Je ne voudrais pas ... parce que ...

 Raise your game! Try adding an opinion to your writing, using **À mon avis, ce serait ...**

	voudrait être ...	parce que ...	ne voudrait pas être ...	parce que ...
Vincent	🖼	❤ 🐕🐈	🖼	💻
Nadia	🖼	❤ la mode	🖼	🖼
toi	?	?	?	?

4 **À toi A**

Spécial vacances

① Lis les listes et regarde les images. Qu'est-ce que Rémi et Zoë ont oublié?

Read the lists and look at the pictures. What have Rémi and Zoë forgotten to pack?

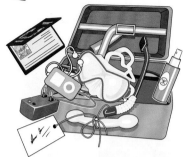

Rémi
mon passeport
un tuba
des palmes
une bombe anti-insectes
un chargeur pour mon mp3

Zoë
du gel coiffant
mon appareil photo
des tongs
des lunettes de plongée
de la crème solaire
des magazines

② Imagine que tu passes tes vacances dans une des destinations ci-dessous. Qu'est-ce que tu prends avec toi?

Imagine that you are spending your holidays at one of the destinations below. What do you take with you?

Exemple:

> Normalement, je passe mes vacances sur une île déserte, alors je prends des lunettes de plongée, …

sur une île déserte dans la jungle au pôle Nord

If you want to include some new holiday items, look them up in a dictionary. To make sure you've chosen the right word, check it in the French–English part of the dictionary and look at any examples given.

③ Lis les textes et réponds aux questions pour chaque personne.

1 Où passes-tu tes vacances?
2 Avec qui vas-tu en vacances?
3 Combien de temps restes-tu en vacances?
4 Que fais-tu quand tu pars en vacances?

Exemple:

> Solène:
> 1 Je passe mes vacances …
> 2 Je vais en vacances avec …
> 3 Je reste …
> 4 Je me …/Je fais ….

Normalement, je passe mes vacances au bord de la mer. Je vais en vacances avec mes parents et mon frère. Je me baigne dans la mer et quelquefois, je fais de la plongée sous-marine. Je reste quinze jours et j'adore ça! **Solène**

Je passe mes vacances en colo, à la montagne. Comme activités, je fais de l'escalade ou du canoë-kayak. C'est génial! Normalement, je reste dix jours. Je vais en vacances avec mes copains de classe. **Alban**

Moi, je passe mes vacances avec mes grands-parents, à la campagne. Tous les matins, je vais à la pêche avec mon grand-père et l'après-midi, je fais de l'équitation. Je reste trois semaines et c'est super! **Jérémy**

① Trouve les paires de mots qui riment.

Find the pairs of words that rhyme.

Exemple: en vacances – Marie-France

du ski — de l'équitation
en vacances — en colo — du canoë-kayak
du tir à l'arc
au bord de la mer — du VTT
de la plongée sous-marine
à la base de loisirs

Samir — Chloé — Jean-Marc — Simon — Jean-Jacques — mon frère — Marie-France — Justine — Hugo — Élodie

② Écris un rap au sujet des vacances. Utilise tes réponses à l'exercice 1.

Exemple:

> Je suis allé(e) en vacances avec Marie-France.
> J'ai fait du ski avec ...

> **!** To say where you went, use **je suis allé** (**allée** if you are a girl).
>
> To say what activities you did, use **j'ai fait**.

③ Lis le texte. Utilise un dictionnaire, si nécessaire. Puis réponds aux questions par «oui» ou «non».

Colonie de vacances «Ma belle Corse»

Tu as entre 14 et 18 ans? Tu aimes le soleil et la plage? Alors, voici la colo idéale pour toi!

Les Sables Blancs est un camping 3 étoiles avec des tentes de 4 places. Il y a des toilettes, des douches et un restaurant self.

Le camping se trouve à 200m de la plage, où on peut faire du ski nautique, du catamaran ou de la planche à voile (séance de 2 heures).

On peut aussi faire un stage de plongée. On prend le bateau à 11h00 et on plonge 30 minutes, accompagné d'un moniteur professionnel. Le reste du temps, on peut nager et observer les poissons autour du bateau. Tout le matériel nécessaire (masque, palmes, tuba) est gratuit.

De plus, le soir, il y a toutes sortes d'activités: barbecue sur la plage, match de boules et soirée karaoké. Alors, à bientôt en Corse!

1 J'ai douze ans. Je peux aller à cette colo?
2 Est-ce qu'on peut manger au camping?
3 Le camping est à la montagne?
4 On peut faire de la planche à voile?

5 Je voudrais faire de la plongée. C'est possible?
6 Il faut payer pour le matériel de plongée?
7 Le soir, on peut faire du karaoké?

④ Imagine que tu as passé une semaine à la colo Ma Belle Corse. Qu'est-ce que tu as fait? C'était comment? Écris un paragraphe.

Exemple:

> J'ai passé une semaine à la colo Ma Belle Corse.
> Lundi, j'ai fait du ski nautique. C'était très difficile! Mardi, ...

 Lis et complète les phrases avec les mots d'en bas. Puis écris la lettre de la bonne photo.

Exemple: **1** J'ai le droit de regarder la télé dans ma chambre. (b)

1 J'ai le droit de regarder la télé dans ma ▆▆▆ .

2 Je n'ai pas le droit d'aller sur ▆▆▆ .

3 J'ai le droit d'aller au ▆▆▆ avec mes copains.

4 Je n'ai pas le droit de jouer à des ▆▆▆ le soir.

5 J'ai le droit de sortir avec mes copains pendant le ▆▆▆ .

weekend   chambre   Facebook   MacDo   jeux vidéo

 Lis l'exemple. Puis écris des phrases pour Marion, Yoni et toi! Utilise les photos de l'exercice 1.

Exemple:

> Baptiste: J'ai le droit de regarder la télé dans ma chambre et j'ai le droit d'aller au MacDo avec mes copains, mais je n'ai pas le droit d'aller sur Facebook. Ce n'est pas juste!

	J'ai le droit de ...	Je n'ai pas le droit de ...
Baptiste	b, e	d
Marion	a	c, d
Yoni	b, c	e
toi	?	?

 Associe les deux parties de chaque phrase et copie les phrases complètes. Utilise un dictionnaire, si nécessaire.

Match up the two parts of each sentence and copy out the complete sentences. Use a dictionary if necessary.

Exemple: **1** Pour moi, le bonheur, c'est d'écouter du hip-hop, parce que ça me donne envie de danser.

1 Pour moi, le bonheur, c'est d'écouter du hip-hop,

2 Pour moi, le bonheur, c'est d'aller au cinéma,

3 Pour moi, le bonheur, c'est de faire du judo,

4 Pour moi, le bonheur, c'est de regarder *X-Factor*,

5 Pour moi, le bonheur, c'est de sortir avec ma petite copine,

6 Pour moi, le bonheur c'est de faire de l'équitation,

parce que j'adore les chevaux.

parce que c'est mon émission de télé préférée.

parce que j'aime beaucoup les arts martiaux.

parce que ça me donne envie de danser.

parce qu'elle est très sympa.

parce que je suis fan de films d'horreur.

1 Lis les textes et réponds aux questions. Écris le bon prénom.

Exemple: **1** Yasmine

> Je n'aime pas du tout la pauvreté dans le monde. Alors, quand je vais au supermarché, j'achète des produits du commerce équitable. Par exemple, hier, j'ai acheté des bananes et du café équitables.
> **Éva**

> J'adore faire les magasins et surtout acheter des vêtements. Mais je n'ai pas beaucoup d'argent, alors j'achète souvent des produits d'occasion. Par exemple, le weekend prochain, je vais acheter un tee-shirt d'occasion au magasin d'Oxfam.
> **Lucie**

> Moi, je n'aime pas du tout l'état de la planète. Donc, j'achète toujours des produits écolos. Par exemple, la semaine dernière, j'ai acheté du papier et des enveloppes recyclés.
> **Yasmine**

Who ...

1 recently bought some recycled products?

2 likes buying clothes?

3 went shopping yesterday?

4 is going to buy something second-hand?

5 is concerned about the environment?

6 bought some fair-trade food products?

2 Trouve un copain/une copine britannique pour chaque Français(e).

Find a British friend for each French person.

www.trouvedesamis.fr

> J'adore les animaux et ma priorité, c'est les animaux en voie d'extinction, comme le panda et l'ours polaire.
> **Mélissa**

> Mes priorités sont mes études et l'argent. Plus tard dans la vie, je voudrais être pilote, parce que c'est une profession bien payée.
> **Najim**

> Pour moi, le bonheur, c'est de sortir avec mes amis. Aller à des concerts, danser, bien rigoler, quoi!
> **Éloïse**

> Mes priorités sont ma famille et mes amis. Je n'aime pas du tout l'état de la planète. À mon avis, il faut recycler plus et acheter des produits écolos.
> **Abel**

> Pour moi, le bonheur, c'est d'être active! Je suis membre d'un club de gym et je fais du sport quatre fois par semaine.
> **Irina**

> I love going shopping, but I always try to buy 'green' products.
> **Amy**

> I'm really into keep-fit activities, like judo, swimming and aerobics.
> **Matthew**

> I want to be able to afford the good things in life: holidays, nice clothes, eating out.
> **Jade**

> I'm a member of the WWF. One day, I'd like to go to India and see tigers in the wild.
> **Lewis**

> I'm not one for staying at home. I'm a party animal! I love going out and having a good time.
> **Katia**

3 Écris des e-mails à trouvedesamis.fr pour Ludo, Malika et toi.

Exemple:

> Mes priorités sont la musique et …
> Je n'aime pas du tout …

	⭐⭐⭐⭐⭐	😟😟
Ludo	🎵 ⚽	🧑
Malika	👫 📝	NON
toi	?	?

Verb tables

Regular –er, –ir, –re verbs

infinitive	present tense				perfect tense		
regarder to watch	je tu il/elle/on	regarde regardes regarde	nous vous ils/elles	regardons regardez regardent	j'	ai	regardé
finir to finish	je tu il/elle/on	finis finis finit	nous vous ils/elles	finissons finissez finissent	j'	ai	fini
vendre to sell	je tu il/elle/on	vends vends vend	nous vous ils/elles	vendons vendez vendent	j'	ai	vendu

Present tense of reflexive verbs

infinitive	present tense						
se doucher to shower	je tu il/elle/on	me te se	douche douches douche	nous vous ils/elles	nous vous se	douchons douchez douchent

Present tense of modal verbs

Modal verbs are irregular, so you will need to learn them.

infinitive	present tense			
devoir to have to/ 'must'	je tu il/elle/on	dois dois doit	nous vous ils/elles	devons devez doivent
pouvoir to be able to/ 'can'	je tu il/elle/on	peux peux peut	nous vous ils/elles	pouvons pouvez peuvent
vouloir to want to	je tu il/elle/on	veux veux veut	nous vous ils/elles	voulons voulez veulent

Key irregular verbs

infinitive	present tense				perfect tense		
aller to go	je tu il/elle/on	**vais** **vas** **va**	nous vous ils/elles	**allons** **allez** **vont**	je	**suis**	**allé(e)**
avoir to have	j' tu il/elle/on	**ai** **as** **a**	nous vous ils/elles	**avons** **avez** **ont**	j'	**ai**	**eu**
boire to drink	je tu il/elle/on	**bois** **bois** **boit**	nous vous ils/elles	**buvons** **buvez** **boivent**	j'	**ai**	**bu**
être to be	je tu il/elle/on	**suis** **es** **est**	nous vous ils/elles	**sommes** **êtes** **sont**	j'	**ai**	**été**
faire to do/make	je tu il/elle/on	**fais** **fais** **fait**	nous vous ils/elles	**faisons** **faites** **font**	j'	**ai**	**fait**
dire to say	je tu il/elle/on	**dis** **dis** **dit**	nous vous ils/elles	**disons** **dites** **disent**	j'	**ai**	**dit**
écrire to write	j' tu il/elle/on	**écris** **écris** **écrit**	nous vous ils/elles	**écrivons** **écrivez** **écrivent**	j'	**ai**	**écrit**
lire to read	je tu il/elle/on	**lis** **lis** **lit**	nous vous ils/elles	**lisons** **lisez** **lisent**	j'	**ai**	**lu**
partir to leave	je tu il/elle/on	**pars** **pars** **part**	nous vous ils/elles	**partons** **partez** **partent**	je	**suis**	**parti(e)**
prendre to take	je tu il/elle/on	**prends** **prends** **prend**	nous vous ils/elles	**prenons** **prenez** **prennent**	j'	**ai**	**pris**
sortir to go out	je tu il/elle/on	**sors** **sors** **sort**	nous vous ils/elles	**sortons** **sortez** **sortent**	je	**suis**	**sorti(e)**
venir to come	je tu il/elle/on	**viens** **viens** **vient**	nous vous ils/elles	**venons** **venez** **viennent**	je	**suis**	**venu(e)**
voir to see	je tu il/elle/on	**vois** **vois** **voit**	nous vous ils/elles	**voyons** **voyez** **voient**	j'	**ai**	**vu**

Speaking top tips

The golden rule

To learn to speak a foreign language, you have to practise *speaking* it.

If you want to be good at a musical instrument, you have to practise playing it. The sound might not be great at first, but it will get better. It's the same with speaking a foreign language. The only way you can get better is by speaking it. Not by reading it or even listening to it. You have to speak it. You might not sound brilliant at first, but that doesn't matter. You'll get better if you practise.

At first, most people feel a bit embarrassed or silly when speaking a foreign language. That's quite natural. Along the way, you'll make daft mistakes. But if you can deal with that, the rewards are great. You'll really impress people if you can speak a foreign language well. So persevere!

How to practise a presentation

- Plan what you have to say (use POSM – see Writing top tips).
- Memorise what you have to say.
- Time yourself.
- Be calm – don't rush.
- Use notes.

How to memorise

- Copy ten key words onto cards.
- Learn the first line and say it from memory.
- Learn the second line and say the first <u>two</u> lines from memory.
- Carry on adding one line at a time.
- Use your cards as a reminder. Only refer back to the full version if you get stuck.
- Practise – say it out loud, not in your head. It sounds different when you say it! You really, really, have to practise it *exactly as you will do it on the day*, except not in front of 100 people. Even if you feel silly, it's worth it.

The more you practise, the easier it will be and the more confident you will become. When you're confident with the content, you can work on your pronunciation.

Learning what to say will give you confidence, but you don't want to sound like a robot. You will get higher marks for **spontaneity**. As you gain in confidence, you can 'let go' of big chunks of language, and use and combine in new ways words and phrases you've practised.

Writing top tips

Step 1

Decide how many words you're going to write. (You might not have a choice if the number of words is specified in the task.)

Step 2

Break it down into sections or paragraphs. Breaking it down helps you and the reader.

- It helps you because the task doesn't seem so daunting.
- It helps the reader because it looks more organised and logical (use headers if you like).
- Don't just start with a sentence and hope something will occur to you.

Writing 150 words might sound like a lot, but if you divide it into four paragraphs that's only 35 words per paragraph. That's not many sentences really.

Step 3

Decide what to put in each paragraph. Try to fit one idea or aspect of your story or report into each paragraph.

Step 4

Use POSM to achieve great results in writing!

Plan: Get your ideas down on paper.

Organise your ideas: What will you start with? What will come next? How will you finish?

Select: Choose the words and phrases you will need. Include some more complex language so your writing has the 'wow factor'.

Make sure: Check that what you have written is accurate. Look at the checklist at the bottom of page 25 for tips on checking accuracy.

Step 5

Be careful! Do not copy or memorise word for word. It has to be *your* work. Follow these rules:

- Change and adapt.
- Personalise.
- Reuse for *you*.

Mini-dictionnaire

Using your Mini-dictionnaire

The French-English word lists on the following pages appear in three columns:

- The first column lists the French words in alphabetical order.
- The second column tells you what part of speech the word is (e.g. verb, noun, etc.) in abbreviated form.
- The third column gives the English translation of the word in the first column.

Here is a key to the abbreviations in the second column:

adj	adjective
adv	adverb
conj	conjunction
exclam	exclamation

n (pl)	plural noun
nf	feminine noun
nm	masculine noun
npr	proper noun
pp	past participle
prep	preposition
pron	pronoun
v	verb

The names for the parts of speech given here are those you are most likely to find in a normal dictionary. In *Studio 3*, we use different terms for three of these parts of speech. These are:

interrogative = question word

conjunction = connective

adverb = intensifier

A

d'abord	adv	first (of all)
accompagner	v	to accompany, go with
d'accord	adv	OK, agreed
accro	adj	addicted
achat	nm	purchase
acheter	v	to buy
acheteur(-euse)	nm / nf	buyer
acrobatique	adj	acrobatic
acteur(-trice)	nm / nf	actor / actress
actif(-ve)	adj	active
activité	nf	activity
adapter	v	to adapt
ado(lescent)	nm	teenager
adopter	v	to adopt
adorer	v	to love
aérien(ne)	adj	aerial
Afrique	nf	Africa
âge	nm	age
aider	v	to help
Aïe!	exclam	Oh, no! Ouch!
aimer	v	to like, love
album	nm	album
aller	v	to go

alors	adv	so, therefore
alpinisme	nm	mountaineering
ambiance	nf	atmosphere
ambition	nf	ambition
ami(e)	nm/nf	friend (male)/ friend (female)
amusant(e)	adj	fun
s'amuser	v	to have fun
an	nm	year
ancien(ne)	adj	former; ancient
anglais(e)	adj	English
Angleterre	nf	England
animal	nm	animal
animateur	nm	entertainer, animator
année	nf	year
appareil photo	nm	camera
s'appeler	v	to be called
apporter	v	to bring
apprentissage	nm	apprenticeship
après	adv	after
après-midi	nm	afternoon
arabe	adj	Arabic
argent	nm	money; silver
arriver	v	to arrive

Mini-dictionnaire

article	nm	article
arts martiaux	nm (pl)	martial arts
assassiner	v	to assassinate, kill
assembler	v	to assemble
assez	adv	quite, enough
association	nf	association
athlétique	adj	athletic
aujourd'hui	adv	today
aussi	adv	also
autour de	prep	around
autre	adj	other
avant	adv	before
avantage	nm	advantage
avec	prep	with
avenir	nm	future
avion	nm	plane
avis	nm	opinion
avoir	v	to have

B

se baigner	v	to swim
banane	nf	banana
banque	nf	bank
barbecue	nm	barbecue
basket	nm	basketball
baskets	nf (pl)	trainers
bateau	nm	boat
bavarder	v	to chat
beau / belle	adj	good-looking, beautiful; fine
beau-père	nm	step-father
beaucoup (de)	adv	a lot (of)
bénévole	nm / nf	volunteer
Beurk!	exclam	Yuck!
bien	adv	good; well
À bientôt!	exclam	See you soon!
bienvenu	nm	welcome
blessé(e)	adj	injured
blond(e)	adj	blond
boire	v	to drink

boisson	nf	drink
bombe	nf	spray can
bon(ne)	adj	good
bonbon	nm	sweet
bonheur	nm	happiness
Bonjour!	exclam	Hello!
bonnet	nm	hat
booster	v	to boost
bord de la mer	nm	seaside
bouche	nf	mouth
boules	nf (pl)	French bowls (boules)
boulot	nm	job, work (informal)
bouton	nm	button
bowling	nm	bowling
bras	nm	arm
bronze	adj	bronze
brun(e)	adj	brown
bulletin scolaire	nm	school report
bus	nm	bus
but	nm	goal, aim

C

ça	pron	that
café	nm	café; coffee
cahier	nm	exercise book
calme	adj	quiet
camarade	nm / nf	school friend
caméra	nf	video camera
camion	nm	lorry
campagne	nf	country(side)
camping	nm	camping; campsite
canadien(ne)	adj	Canadian
canette	nf	can
canoë-kayak	nm	canoeing
cantine	nf	canteen
capitale	nf	capital
caractère	nm	character
caribéen(ne)	adj	Caribbean
carnaval	nm	carnival

Mini-dictionnaire

carotte	nf	carrot
carte postale	nf	postcard
cascade	nf	stunt
casser	v	to break
cavalier	nm	horseman, knight
ce (cette)	adj	this
ceinture	nf	belt
célèbre	adj	famous
centre-ville	nm	town centre
centre commercial	nm	shopping centre
centre de loisirs	nm	leisure centre
céréales	nf (pl)	cereal
chambre	nf	bedroom
champion(ne)	nm/nf	champion
championnat	nm	championship
changer	v	to change
se changer	v	to get changed
chanson	nf	song
chanter	v	to sing
chanteur (-euse)	nm / nf	singer
chaque	adj	each, every
chargeur	nm	charger
charrue	nf	plough
chat	nm	cat
château	nm	castle; country house
chaud(e)	adj	hot
chauffeur	nm	driver
chaussure	nf	shoe
chef	nm	chief; boss
chef cuisinier	nm	chef
cher(-ère)	adj	expensive
cheval	nm	horse
cheveux	nm (pl)	hair
chez (moi / toi)	prep	at (my / your) place
chien	nm	dog
chips	nm (pl)	crisps
chocolat	nm	chocolate

choisir	v	to choose
choix	nm	choice
choqué(e)	nm	shocked
chose	nf	thing
cinéma	nm	cinema
circulation	nf	traffic
client	nm	customer
cliquer	v	to click
coach	nm	coach
coca	nm	coke
se coiffer	v	to do your hair
collecter	v	to collect
collège	nm	secondary school
collègue	nm/nf	colleague
colo(nie de vacances)	nf	holiday camp
combattre	v	to fight
combien	adv	how much, how many
combiner	v	to combine
commande	nf	order
comme	prep	as, like
commencer	v	to start
comment	adv	how
commenter	v	to comment (on)
commerce	nm	trade
communiquer	v	to communicate
compléter	v	to complete
comprendre	v	to understand
concert	nm	concert
concours	nm	competition
se connecter	v	to connect
conseil	nm	advice
conservation	nf	conservation
continuer	v	to continue
contre	prep	against
cool	adj	cool
copain	nm	friend (boy), boyfriend
copier	v	to copy

Mini-dictionnaire

copine	nf	friend (girl), girlfriend
corps	nm	body
Corse	nf	Corsica
costume	nm	costume
côte	nf	coast
couleur	nf	colour
coup de soleil	nm	sunburn
cours	nm	lesson
course	nf	racing; running
court(e)	adj	short
créatif(-ve)	adj	creative
crédit	nm	credit
créer	v	to create
crème solaire	nf	sun cream
critiquer	v	to criticise
cruauté	nf	cruelty
cuisiner	v	to cook

D

dangereux(-euse)	adj	dangerous
danser	v	to dance
danseur(-euse)	nm/nf	dancer
décider	v	to decide
décision	nf	decision
dedans	adv	inside
délicieux(-euse)	adj	delicious
demain	adv	tomorrow
demi(e)	adj	half
dépendre	v	to depend
depuis	prep	since; for
dernier(-ère)	adj	last; latest
désastre	nm	disaster
descendre	v	to go down; to get out; to get off
désert(e)	adj	deserted
désolé(e)	adj	sorry
dessiner	v	to draw; to design
détail	nm	detail
détester	v	to hate

devant	prep	in front of
devoir	v	to have to; to owe
différent(e)	adj	different
dire	v	to say, to tell
directeur(-trice)	nm/nf	manager; headteacher
discipline	nf	discipline
discipliné(e)	adj	disciplined
discothèque	nf	disco
discuter	v	to discuss
domestique	adj	domestic
donc	conj	so, therefore
donner	v	to give
dormir	v	to sleep
dos	nm	back
douche	nf	shower
se doucher	v	to have a shower
droit	nm	law; right
drôle	adj	funny

E

eau	nf	water
échec	nm	failure
éclair	nm	chocolate eclair
écolo(gique)	adj	green, ecological
écouter	v	to listen
écran	nm	screen
écrire	v	to write
éducation	nf	education
effort	nm	effort
élève	nm/nf	pupil
éliminer	v	to eliminate
émission	nf	programme, show
empereur	nm	emperor
emploi	nm	job
enfant	nm/nf	child
s'ennuyer	v	to get bored
ennuyeux(-euse)	adj	boring
énorme	adj	enormous, huge
enregistrer	v	to record

Mini-dictionnaire

ensemble	adv	together
ensuite	adv	then, next
entendre	v	to hear
s'entendre avec	v	to get on with
entraînement	nm	training
s'entraîner	v	to train
entraîneur	nm	trainer
enveloppe	nf	envelope
envers	prep	towards
avoir envie de	v	to want to
environnement	nm	environment
envoyer	v	to send
s'envoyer	v	to send (to) each other
épaule	nf	shoulder
épreuve	nf	test, contest
équipe	nf	team
équitable	adj	fair
équitation	nf	horse-riding
équivalent	nm	equivalent
escalade	nf	climbing
esclave	nm / nf	slave
escrime	nf	fencing
Espagne	nf	Spain
espagnol(e)	adj	Spanish
essayer	v	to try
essentiel(le)	adj	essential
et	conj	and
état	nm	state
États-Unis	nm (pl)	United States
étoile	nf	star
étranger	nm	abroad
être	v	to be
étude	nf	study, survey
étudiant(e)	nm / nf	student
eux	pron	them
s'évader	v	to escape
excellent(e)	adj	excellent
exemple	nm	example

exercice	nm	exercise
extinction	nf	extinction
extrême	adj	extreme

F

fabrication	nf	manufacture
fabriquer	v	to make, to build
face à	nf	in front of
facilement	adv	easily
fac(ulté)	nf	uni(versity)
faire	v	to do; to make
se faire bronzer	v	to sunbathe
se faire piquer	v	to get stung
fairplay	nm	fairplay
famille	nf	family
fantastique	adj	fantastic
fastfood	nm	fast food (restaurant)
fatigant(e)	adj	tiring
fatigué(e)	adj	tired
faux(-sse)	adj	false; fake; off-key
fermé(e)	adj	closed
fesse	nf	buttock
festival	nm	festival
fête	nf	festival, fair; party
fiche	nf	form
fille	nf	girl
film	nm	film
filmer	v	to film
finalement	adv	finally
fois	nf	time
fonder	v	to found
foot	nm	football
footballeur	nm	footballer
forêt	nf	forest
forme	nf	fitness
fort(e)	adj	loud; strong; very good
forum	nm	forum
fou / folle	adj	mad, crazy

Mini-dictionnaire

frais / fraîche	adj	fresh
fraise	nf	strawberry
français(e)	adj	French
francophone	adj	French-speaking
frère	nm	brother
frigo	nm	fridge
frites	nf (pl)	chips
froid(e)	adj	cold
fromage	nm	cheese
front	nm	forehead
fruit	nm	fruit
futur	nm	future

G

gagner	v	to win; to earn
garage	nm	garage
garçon	nm	boy
gâteau	nm	cake
gazeux(-euse)	adj	fizzy
géant(e)	adj	giant
gel coiffant	nm	hair gel
général(e)	adj	general
génial(e)	adj	great
genou	nm	knee
gens	nm (pl)	people
gentil(le)	adj	nice
glace	nf	ice; ice cream
grand(e)	adj	big
grands-parents	nm (pl)	grandparents
grand-père	nm	grandfather
gratuit(e)	adj	free
groupe	nm	group
guide touristique	nm	tourist guide
guitare	nf	guitar

H

habiter	v	to live
hamburger	nm	burger
hanche	nf	hip
hanté(e)	adj	haunted
haricot	nm	bean
haut(e)	adj	high
heure	nf	hour; o'clock; time
hier	adv	yesterday
histoire	nf	history; story
hiver	nm	winter
hockey	nm	hockey
horreur	nf	horror
horrible	adj	horrible
hôtel	nm	hotel
hypercool	adj	really cool

I

ici	adv	here
idéal(e)	adj	ideal
idée	nf	idea
île	nf	island
image	nf	picture; image
imaginaire	adj	imaginary
imaginatif(-ve)	adj	imaginative
impatient(e)	adj	impatient
important(e)	adj	important
indépendant(e)	adj	independent
indispensable	adj	essential
informatique	nf	computing
ingénieur(e)	nm / nf	engineer
injustice	nf	injustice
insecte	nm	insect
instrument	nm	instrument
intelligent(e)	adj	intelligent
intéressant(e)	adj	interesting
intéressé(e) (par)	adj	interested (in)
à l'intérieur de	prep	inside
interviewer	v	to interview
inventer	v	to invent
inviter	v	to invite
irlandais(e)	adj	Irish
italien(ne)	adj	Italian

Mini-dictionnaire

J

jamais	adv	never
jambe	nf	leg
jean	nm	jeans
jeu	nm	game
jeune	adj	young
Jeux olympiques	nm (pl)	Olympic Games
job	nm	job
jogging	nm	jogging
joli(e)	adj	pretty
jouer	v	to play
joueur	nm	player
jour	nm	day
journal	nm	newspaper
journaliste	nm / nf	journalist
journée	nf	day
judo	nm	judo
jungle	nf	jungle
jusqu'à	prep	up to, until
juste	adj	fair; in tune

L

laitier(-ère)	adj	dairy
langue	nf	language; tongue
lecteur	nm	reader
légende	nf	legend
légumes	nm (pl)	vegetables
lendemain	nm	next day
lettre	nf	letter
se lever	v	to get up
lien	nm	link
lire	v	to read
liste	nf	list
logique	adj	logical
long(ue)	adj	long
lunatique	adj	moody
lunettes de plongée	nf (pl)	goggles
lutter	v	to fight
lycée	nm	college, sixth form

M

magasin	nm	shop
magazine	nm	magazine
main	nf	hand
maintenant	adv	now
mais	conj	but
maison	nf	house
mal	adv	bad
malsain(e)	adj	unhealthy
manger	v	to eat
marché	nm	market
marrant(e)	adj	funny, a laugh
marron	adj	brown
mascotte	nf	mascot
masque	nm	mask
match	nm	match
matériel	nm	material
matin	nm	morning
mauvais(e)	adj	bad
mécanicien(-ne)	nm/nf	mechanic
médaille	nf	medal
médical(e)	adj	medical
meilleur(e)	adj	better; best
mélodie	nf	tune
membre	nm	member
même	adj	same
mémoriser	v	to memorise
mer	nf	sea
merci	exclam	thank you
mère	nf	mother
message	nm	message
mesurer	v	to measure
métier	nm	profession
mettre	v	to put (on)
miam-miam!	exclam	yum, yum!
micro	nm	microphone
midi	nm	midday
mignon(ne)	adj	cute
Mince!	exclam	Damn!

Mini-dictionnaire

minuit	nm	midnight
mise en place	nf	table setting
mission	nf	mission
mode	nf	fashion
moderne	adj	modern
modeste	adj	modest
modifier	v	to update
moi	pron	myself / me
moment	nm	moment
monde	nm	world
moniteur de ski	nm	ski instructor
montagne	nf	mountain
moral	nm	morale
mot	nm	word
motivant(e)	adj	motivating
motivé(e)	adj	motivated
moto	nf	motorbike
moule	nf	mussel
moyen	nm	means, way
mur	nm	wall
musculation	nf	weight-training
musée	nm	museum
musique	nf	music

N

nager	v	to swim
natation	nf	swimming
national(e)	adj	national
né(e)	adj	born
nécessaire	adj	necessary
négatif(-ve)	adj	negative
nez	nm	nose
ni	conj	nor
non	exclam	no
normalement	adv	normally, generally
nuit	nf	night
nul(le)	adj	rubbish

O

objectif	nm	aim

observer	v	to observe
occasion	nf	opportunity
d'occasion	nf	second-hand
œil	nm	eye
œuf	nm	egg
Oh là là!	exclam	Oh, dear!
on	pron	we
opinion	nf	opinion
option	nf	option
or	nm	gold
orchestre	nm	orchestra
ordi(nateur)	nm	computer
ordre	nm	order
oreille	nf	ear
organiser	v	to organise
ou	conj	or
où	adv	where
oublier	v	to forget
oui	exclam	yes
ours	nm	bear
ouvert(e)	adj	open

P

pain	nm	bread
palmes	nf (pl)	flippers
panda	nm	panda
papier	nm	paper
paquet	nm	packet, parcel
par	prep	per; by
paragraphe	nm	paragraph
parc	nm	park
parce que	conj	because
parent	nm	parent
parler	v	to talk, to speak
paroles	nf (pl)	words, lyrics
participer (à)	v	to take part (in)
partie	nf	part
partir	v	to leave
partout	adv	everywhere
passeport	nm	passport

Mini-dictionnaire

passer	v	to spend	plongée	nf	diving
passion	nf	passion, hobby	plongée sous-marine	nf	scuba diving
passionnant(e)	adj	exciting	plonger	v	to dive
pâte	nf	paste	plus	nm	bonus
patient(e)	adj	patient	plus	adv	more
patinoire	nf	skating rink	en plus	adv	in addition
pâtissier(-ère)	nm / nf	cake maker	poisson	nm	fish
pauvreté	nf	poverty	polaire	adj	polar
payé(e)	adj	paid	pôle (Nord)	nm	(North) Pole
payer	v	to pay	pompier	nm	fireman
pays	nm	country	populaire	adj	popular
pêche	nf	fishing	portable	nm	mobile phone
peine	nf	effort, trouble	porte	nf	door
peluche	nf	soft toy	portemonnaie	nm	purse
pendant	prep	during, for	Portugal	nm	Portugal
pénible	adj	tiresome, annoying, a pain	positif(-ve)	adj	positive
			possible	adj	possible
penser	v	to think	poster	v	to post
pentathlète	nm/nf	pentathlete	poulet	nm	chicken
perdre	v	to lose	pour	prep	for; in order to
père	nm	father	pourquoi	adv	why
personnage	nm	character	pouvoir	v	to be able to
personne	nf	person	pratique	nf	practice
peser	v	to weigh	pratiquer	v	to play, to do sport; to practise
petit(e)	adj	small			
petit déj(euner)	nm	breakfast	précis(e)	adj	precise
peu (un peu de …)	nm	(a little) bit (of …)	préféré(e)	adj	favourite
peur	nf	fear	préférence	nf	preference
peut-être	adv	perhaps, maybe	prendre	v	to take
photo	nf	photo	prénom	nm	first name
phrase	nf	sentence	préparer	v	to prepare
physique	adj	physical	se préparer	v	to prepare yourself
pied	nm	foot	priorité	nf	priority
pilote	nm / nf	pilot	problème	nm	problem
piscine	nf	swimming pool	prochain(e)	adj	next
pizza	nf	pizza	produit	nm	product
plage	nf	beach	professeur	nm / nf	teacher
planète	nf	planet	profession	nf	profession
plat	nm	meal, dish	professionnel(le)	adj	professional

Mini-dictionnaire

programme	nm	schedule
programmeur(-euse)	nm/nf	programmer
prononciation	nf	pronunciation
protecteur(-trice)	adj	protective
puis	adv	then, next
pull	nm	jumper

Q

se qualifier pour	v	to qualify for
quand	adv	when
québécois(e)	adj	from Quebec
quel(le)	adj	what, which
quelquefois	adv	sometimes
question	nf	question
qui	pron	who
quitter	v	to leave

R

racisme	nm	racism
raison	nf	reason; right
rando(nnée)	nf	hike, long walk
ranger	v	to clear away, to tidy
rapé(e)	adj	grated
rapide	adj	fast, quick
rat	nm	rat
rater	v	to miss
réaction	nf	reaction
se réaliser	v	to come true
réceptionniste	nm/nf	receptionist
recherches	nf (pl)	research
recyclé(e)	adj	recycled
recycler	v	to recycle
regarder	v	to look at, to watch
règle	nf	rule; ruler
régulièrement	adv	regularly
relire	v	to re-read
remplir	v	to fill in
remporter	v	to take back
rencontrer	v	to meet

rendez-vous	nm	meeting; appointment
renseignements	nm	detail, information
rentrée	nf	return (to school after holidays)
réparer	v	to repair
repas	nm	meal
répéter	v	to rehearse; to repeat
répétition	nf	rehearsal
répondre	v	to reply
réponse	nf	answer, reply
reportage	nm	report
se reposer	v	to rest
reprendre	v	to start again
requin	nm	shark
réseau	nm	network
respecter	v	to respect
responsabilité	nf	responsibility
responsable	adj	responsible
restaurant	nm	restaurant
reste	nm	rest
rester	v	to stay
se retrouver	v	to meet up
réussi(e)	adj	successful
réutiliser	v	to reuse
rêve	nm	dream
révisions	nf (pl)	revision
rien	pron	nothing
rigoler	v	to have a laugh
rôle	nm	role
romain(e)	adj	Roman
romantique	adj	romantic
rôti(e)	adj	roast
routine	nf	routine
roux / rousse	adj	red
rue	nf	street, road
rythmique	adj	rhythmic

Mini-dictionnaire

S

sable	nm	sand
sac	nm	bag
safari	nm	safari
sain(e)	adj	healthy
salade	nf	salad
salle	nf	room
Salut!	exclam	Hi!
santé	nf	health
saucisse	nf	sausage
sauver	v	to save
savoir	v	to know (how to)
scolaire	adj	school
séance	nf	showing; session
secouer	v	to shake
secrétaire	nm/nf	secretary
semaine	nf	week
sensation	nf	sensation
sensation forte	nf	thrill
séparé(e)	adj	separated
serveur(-euse)	nm/nf	waiter / waitress
seul(e)	adj	only, alone
si	conj	if
sieste	nf	siesta, nap
sincère	adj	sincere
skate	nm	skateboarding
ski	nm	skiing
snowboard	nm	snowboarding
sociable	adj	sociable
social(e)	adj	social
sœur	nf	sister
soir	nm	evening
soirée	nf	evening; party
soleil	nm	sun
solution	nf	solution
sondage	nm	survey
sorte	nf	sort
sortir	v	to go out; to get out
souligné(e)	adj	underlined
souvent	adv	often
spécialité	nf	speciality
spectacle	nm	show
sport	nm	sport
sportif(-ve)	adj	sporty
stade	nm	stadium
stage	nm	training course; work placement
stand	nm	stand, stall
stimulant(e)	adj	stimulating
style	nm	style, look
sucreries	nf (pl)	sweets, confectionery
suivre	v	to follow
sujet	nm	subject
super	adj	brilliant
supermarché	nm	supermarket
sur	prep	on
surfer	v	to surf
sympa(thique)	adj	nice

T

table	nf	table
tableau	nm	painting, picture; table, grid
talent	nm	talent
tambour	nm	drum
tambouriste	nm/nf	drummer
tapis	nm	carpet, rug
tard	adv	late
tartelette	nf	fruit tart
technologie	nf	technology
tee-shirt	nm	T-shirt
télécharger	v	to download
le téléphérique	nm	cable-car
téléphone	nm	telephone
télé(vision)	nf	television
temps	nm	time; weather
tennis	nm	tennis
tente	nf	tent

Mini-dictionnaire

terminer	v	to finish, to end
tête	nf	head
texte	nm	text
théâtre	nm	theatre
timide	adj	shy
tir à l'arc	nm	archery
tir au pistolet	nm	pistol shooting
titre	nm	title
toilettes	nf (pl)	toilets
tongs	nf (pl)	flip-flops
top	adj	the best
tort	nm	wrong
tôt	adv	early
toucher	v	to hit; to touch
toujours	adv	always; still
tourisme	nm	tourism
tous les jours	adv	every day
tous les soirs	adv	every evening
tous les weekends	adv	every weekend
tout(e)	adj	all, every
du tout	adv	at all
traditionnel(le)	adj	traditional
tragique	adj	tragic
traiter	v	to treat
trampoline	nm	trampoline
transporter	v	to transport
travail	nm	work
travailler	v	to work
très	adv	very
troisième	nf	Year 10 / S3
trop	adv	too
tropical(e)	adj	tropical
trouver	v	to find
se trouver	v	to be situated
truc	nm	thing
tuba	nm	snorkel
Tunisie	nf	Tunisia
typique	adj	typical

U

univers	nm	universe
utilisateur	nm	user
utiliser	v	to use

V

vacances	nf (pl)	holidays
vaisselle	nf	washing-up
vampire	nm	vampire
varié(e)	adj	varied
veau	nm	veal
vedette	nf	star
végétarien(ne)	adj	vegetarian
vélo	nm	bicycle; cycling
vendre	v	to sell
venir	v	to come
vent	nm	wind
vérifier	v	to check
vers	prep	about
vêtements	nm (pl)	clothes
vétérinaire	nm / nf	vet
viande	nf	meat
vidéo	nf	video
vie	nf	life
vieux / vieille	adj	old
villa	nf	villa
village	nm	village
ville	nf	town
violence	nf	violence
visage	nm	face
visiter	v	to visit
voici	prep	here is
voilà	prep	there is
Voilà!	exclam	Here you are!; There you go!
voile	nf	sailing
voir	v	to see
voiture	nf	car
voix	nf	voice

Mini-dictionnaire

vomir	*v*	*to be sick*
vouloir	*v*	*to want*
voyager	*v*	*to travel*
vrai(e)	*adj*	*real; true*
vraiment	*adv*	*really*
VTT	*nm*	*mountain biking*

W

weekend	*nm*	*weekend*

Y

yeux	*nm (pl)*	*eyes*

Instructions

C'est quelle activité?	Which activity is it?
C'est vrai ou faux?	Is it true or false?
C'était comment?	What was it like?
Change les mots soulignés.	Change the underlined mots.
Choisis (la bonne réponse/les bons mots).	Choose (the right answer/the right words).
Complète (le texte/le tableau/les phrases/la fiche).	Complete (the text/the grid/the sentences/the form).
Complète le texte avec les mots de la case.	Complete the text with the words in the box.
Copie (les phrases/les questions/les titres).	Copy (the sentences/the questions/the titles).
Corrige les erreurs (dans les phrases).	Correct the mistakes (in the sentences).
Dans quel texte …?	In which text …?
Discute!	Discuss!
Donne une raison.	Give a reason.
Écoute (à nouveau).	Listen (again).
Écoute et lis. Écoute et remplis …	Listen and read./Listen and fill in …
Écris (un e-mail/la bonne lettre/un paragraphe/des phrases/ le bon prénom).	Write (an email/the right letter/a paragraph/sentences/the right name).
Écris correctement (les mots en rouge/les questions/les phrases).	Write (the words in red/the questions/the sentences) out correctly.
En tandem.	In pairs.
Fais (des conversations/ton exposé oral/des dialogues/ un sondage/une liste).	Do/Make (conversations/your presentation/dialogues/a survey/a list).
Fais correspondre (le français et l'anglais/les phrases et les photos/ les photos et les légendes).	Match up (the French and the English/the sentences and the photos/the photos and the captions).
Imagine …	Imagine …
Invente (les détails/une interview).	Invent (the details/an interview).
Jeu de mémoire./Jeu de mime	Memory game./Miming game.
Lis (le texte/l'e-mail/l'histoire).	Read (the text/the email/the story).
Mémorise ton (e-mail/texte).	Memorise your (email/text).
Mentionne (les renseignements suivants).	Mention (the following details).
Mets (les images/le texte) dans le bon ordre	Put (the pictures/the text) into the right order.
Mets les images dans l'ordre des textes.	Put the pictures into the order of the texts.
Note (l'activité/la lettre/la fréquence/les réponses).	Note (the activity/the letter/the frequency/the answers).
Pose (des questions).	Ask (questions).
Prépare des réponses aux questions.	Prepare answers to the questions.
Qu'est-ce que/qu' …?	What …?
Qu'est-ce que tu entends?	What do you hear?
Qui (parle/dit ça)?	Who (is speaking/says that)?
Regarde (les photos/le texte/les images/le tableau).	Look at (the photos/the text/the pictures/the grid).
Relis les textes.	Re-read the texts.
Remplis (la fiche/le tableau).	Fill in (the form/the grid).
Réponds aux questions.	Answer the questions.
Ton/Ta camarade commente ta prononciation.	Your partner comments on your pronunciation.
Traduis les phrases (en français/en anglais).	Translate the sentences (into French/into English).
Trouve (les phrases/le bon texte/les expressions en francais/ la bonne réponse/la bonne photo).	Find (the sentences/the right text/the French expressions/the right answer/ the right photo).
Tu donnes ton opinion.	You give your opinion.
Tu es d'accord ou pas d'accord avec …?	Do you agree or disagree with …?
Utilise les renseignements du tableau.	Use the details in the grid.
Utilise (les idées/les mots/les images/tes réponses).	Use (the ideas/the words/the pictures/your answers).
Vérifie.	Check.